TRANZLATY

Language is for everyone

Kieli kuuluu kaikille

The Little Mermaid

Pieni Merenneito

Hans Christian Andersen

English / Suomi

Copyright © 2023 Tranzlaty
All rights reserved.
Published by Tranzlaty
ISBN: 978-1-83566-951-8
Original text by Hans Christian Andersen
Den Lille Havfrue
First published in Danish in 1837
www.tranzlaty.com

The Sea King's Palace
Merikuninkaan palatsi

Far out in the ocean, where the water is blue
Kaukana meressä, jossa vesi on sinistä
here the water is as blue as the prettiest cornflower
täällä vesi on yhtä sinistä kuin kaunein ruiskukka
and the water is as clear as the purest crystal
ja vesi on yhtä kirkasta kuin puhtain kristalli
this water, far out in the ocean is very, very deep
tämä vesi, kaukana meressä, on hyvin, hyvin syvää
water so deep, indeed, that no cable could reach the bottom
niin syvää vettä, ettei mikään kaapeli päässyt pohjaan
you could pile many church steeples upon each other
voisitte kasata monia kirkon torneja toistensa päälle
but all the churches could not reach the surface of the water
mutta kaikki kirkot eivät päässeet veden pintaan
There dwell the Sea King and his subjects
Siellä asuu Merikuningas ja hänen alamaiset
you might think it is just bare yellow sand at the bottom
Saatat ajatella, että se on vain paljaaa keltaista hiekkaa pohjassa
but we must not imagine that there is nothing there
mutta emme saa kuvitella, ettei siellä ole mitään
on this sand grow the strangest flowers and plants
tällä hiekalla kasvavat kummallisimmat kukat ja kasvit
and you can't imagine how pliant the leaves and stems are
etkä voi kuvitella kuinka taipuisia lehdet ja varret ovat
the slightest agitation of the water causes the leaves to stir
pieninkin veden sekoitus saa lehdet sekoittumaan
it is as if each leaf had a life of its own
on kuin jokaisella lehdellä olisi oma elämänsä
Fishes, both large and small, glide between the branches
Kalat, sekä suuret että pienet, liukuvat oksien välissä
just like when birds fly among the trees here upon land

aivan kuten kun linnut lentävät puiden keskellä täällä maan päällä

In the deepest spot of all stands a beautiful castle
Syvimmällä paikalla seisoo kaunis linna
this beautiful castle is the castle of the Sea King
tämä kaunis linna on merikuninkaan linna
the walls of the castle are built of coral
linnan muurit on rakennettu korallista
and the long Gothic windows are of the clearest amber
ja pitkät goottilaiset ikkunat ovat kirkkainta meripihkaa
The roof of the castle is formed of sea shells
Linnan katto on muodostettu simpukoista
and the shells open and close as the water flows over them
ja kuoret avautuvat ja sulkeutuvat, kun vesi virtaa niiden yli
Their appearance is more beautiful than can be described
Niiden ulkonäkö on kauniimpi kuin voidaan kuvailla
within each shell there lies a glittering pearl
jokaisen kuoren sisällä on kimalteleva helmi
and each pearl would be fit for the diadem of a queen
ja jokainen helmi sopisi kuningattaren diadeemiin

The Sea King had been a widower for many years
Merikuningas oli ollut leski useiden vuosien ajan
and his aged mother looked after the household for him
ja hänen iäkäs äitinsä hoiti hänen taloutta
She was a very sensible woman
Hän oli erittäin järkevä nainen
but she was exceedingly proud of her royal birth
mutta hän oli tavattoman ylpeä kuninkaallisesta syntymästään
and on that account she wore twelve oysters on her tail
ja siksi hänellä oli kaksitoista osteria hännässään
others of high rank were only allowed to wear six oysters
toiset korkea-arvoiset saivat käyttää vain kuutta osteria
She was, however, deserving of very great praise
Hän ansaitsi kuitenkin paljon kiitosta

there was something she especially deserved praise for
oli jotain, josta hän ansaitsi erityisen kiitoksen
she took great care of the little sea princesses
hän piti pienistä meriprinsessoista suurta huolta
she had six granddaughters that she loved
hänellä oli kuusi tyttärentytärtä, joita hän rakasti
all the sea princesses were beautiful children
kaikki meriprinsessat olivat kauniita lapsia
but the youngest sea princess was the prettiest of them
mutta nuorin meriprinsessa oli heistä kaunein
Her skin was as clear and delicate as a rose leaf
Hänen ihonsa oli kirkas ja herkkä kuin ruusunlehti
and her eyes were as blue as the deepest sea
ja hänen silmänsä olivat siniset kuin syvin meri
but, like all the others, she had no feet
mutta, kuten kaikilla muilla, hänellä ei ollut jalkoja
and at the end of her body was a fish's tail
ja hänen ruumiinsa päässä oli kalan häntä

All day long they played in the great halls of the castle
Koko päivän he soittivat linnan suurissa saleissa
out of the walls of the castle grew beautiful flowers
linnan seinistä kasvoi kauniita kukkia
and she loved to play among the living flowers
ja hän rakasti leikkiä elävien kukkien keskellä
The large amber windows were open, and the fish swam in
Suuret meripihkanväriset ikkunat olivat auki, ja kalat uivat sisään
it is just like when we leave the windows open
se on aivan kuin jättäessämme ikkunat auki
and then the pretty swallows fly into our houses
ja sitten kauniit pääskyset lentävät taloomme
only the fishes swam up to the princesses
vain kalat uivat prinsessalle
they were the only ones that ate out of her hands
he olivat ainoita, jotka söivät hänen käsistään

and they allowed themselves to be stroked by her
ja he antoivat hänen silittää itseään

Outside the castle there was a beautiful garden
Linnan ulkopuolella oli kaunis puutarha
in the garden grew bright-red and dark-blue flowers
puutarhassa kasvoi kirkkaanpunaisia ja tummansinisiä kukkia
and there grew blossoms like flames of fire
ja siellä kasvoi kukkia kuin tulen liekit
the fruit on the plants glittered like gold
kasvien hedelmät kimalsivat kuin kulta
and the leaves and stems continually waved to and fro
ja lehdet ja varret heiluivat jatkuvasti edestakaisin
The earth on the ground was the finest sand
Maan päällä oleva maa oli hienointa hiekkaa
but this sand does not have the colour of the sand we know
mutta tällä hiekalla ei ole tuntemamme hiekan väriä
this sand is as blue as the flame of burning sulphur
tämä hiekka on sinistä kuin palavan rikin liekki
Over everything lay a peculiar blue radiance
Kaiken päällä oli erikoinen sininen säteily
it is as if the blue sky were everywhere
on kuin sininen taivas olisi kaikkialla
the blue of the sky was above and below
taivaan sininen oli ylä- ja alapuolella
In calm weather the sun could be seen
Tyynellä säällä aurinko näkyi
from here the sun looked like a reddish-purple flower
täältä aurinko näytti punertavan violetilta kukalta
and the light streamed from the calyx of the flower
ja valo virtasi kukan verhiöstä

the palace garden was divided into several parts
palatsin puutarha jaettiin useisiin osiin
Each of the princesses had their own little plot of ground
Jokaisella prinsessalla oli oma pieni tonttinsa

on this plot they could plant whatever flowers they pleased
tälle tontille he saivat istuttaa mitä tahansa kukkia
one princess arranged her flower bed in the form of a whale
yksi prinsessa järjesti kukkapenkkinsä valaan muotoon
one princess arranged her flowers like a little mermaid
Eräs prinsessa asetteli kukkasensa kuin pieni merenneito
and the youngest child made her garden round, like the sun
ja nuorin lapsi teki puutarhansa pyöreäksi kuin aurinko
and in her garden grew beautiful red flowers
ja hänen puutarhassaan kasvoi kauniita punaisia kukkia
these flowers were as red as the rays of the sunset
nämä kukat olivat punaisia kuin auringonlaskun säteet

She was a strange child; quiet and thoughtful
Hän oli outo lapsi; hiljainen ja ajattelevainen
her sisters showed delight at the wonderful things
hänen sisarensa osoittivat iloa upeista asioista
the things they obtained from the wrecks of vessels
tavarat, joita he saivat alusten hylkyistä
but she cared only for her pretty red flowers
mutta hän välitti vain kauniista punaisista kukistaan
although there was also a beautiful marble statue
vaikka siellä oli myös kaunis marmoripatsas
the statue was the representation of a handsome boy
patsas esitti komeaa poikaa
the boy had been carved out of pure white stone
poika oli kaiverrettu puhtaan valkoisesta kivestä
and the statue had fallen to the bottom of the sea from a wreck
ja patsas oli pudonnut meren pohjaan hylystä
for this marble statue of a boy she cared about too
tälle pojan marmoripatsaalle, josta hän myös välitti

She planted, by the statue, a rose-colored weeping willow
Hän istutti patsaan viereen ruusunvärisen itkevän pajun

and soon the weeping willow hung its fresh branches over the statue
ja pian itkevä paju ripusti tuoreet oksansa patsaan päälle
the branches almost reached down to the blue sands
oksat ulottuivat melkein siniseen hiekkaan asti
The shadows of the tree had the color of violet
Puun varjot olivat violetin värisiä
and the shadows waved to and fro like the branches
ja varjot heiluttivat edestakaisin kuin oksat
all of this created the most interesting illusion
kaikki tämä loi mielenkiintoisimman illuusion
it was as if the crown of the tree and the roots were playing
oli kuin puun kruunu ja juuret leikkivät
it looked as if they were trying to kiss each other
näytti siltä kuin he yrittäisivät suudella toisiaan

her greatest pleasure was hearing about the world above
hänen suurin ilonsa oli kuulla yllä olevasta maailmasta
the world above the deep sea she lived in
syvänmeren yläpuolella oleva maailma, jossa hän asui
She made her old grandmother tell her all about the upper world
Hän sai vanhan isoäitinsä kertomaan hänelle kaiken ylämaailmasta
the ships and the towns, the people and the animals
laivat ja kaupungit, ihmiset ja eläimet
up there the flowers of the land had fragrance
siellä ylhäällä maan kukilla oli tuoksu
the flowers below the sea had no fragrance
meren alla olevilla kukilla ei ollut tuoksua
up there the trees of the forest were green
tuolla ylhäällä metsän puut olivat vihreitä
and the fishes in the trees could sing beautifully
ja kalat puissa osasivat laulaa kauniisti
up there it was a pleasure to listen to the fish
siellä oli ilo kuunnella kaloja

her grandmother called the birds fishes
hänen isoäitinsä kutsui lintuja kaloksi
else the little mermaid would not have understood
muuten pieni merenneito ei olisi ymmärtänyt
because the little mermaid had never seen birds
koska pieni merenneito ei ollut koskaan nähnyt lintuja

her grandmother told her about the rites of mermaids
hänen isoäitinsä kertoi hänelle merenneitojen riiteistä
"one day you will reach your fifteenth year"
"eräänä päivänä täytät viidennentoista vuoden"
"then you will have permission to go to the surface"
"Sitten sinulla on lupa mennä pintaan"
"you will be able to sit on the rocks in the moonlight"
"Voit istua kivillä kuunvalossa"
"and you will see the great ships go sailing by"
"ja näet kuinka suuret laivat kulkevat ohi"
"Then you will see forests and towns and the people"
"Sitten näet metsiä ja kaupunkeja ja ihmisiä"

the following year one of the sisters was going to be fifteen
seuraavana vuonna yksi sisaruksista oli täyttänyt viisitoista
but each sister was a year younger than the other
mutta kumpikin sisar oli vuoden toista nuorempi
the youngest sister was going to have to wait five years
before her turn
Nuorin sisar joutui odottamaan viisi vuotta ennen vuoroaan
only then could she rise up from the bottom of the ocean
vasta sitten hän pystyi nousemaan meren pohjasta
and only then could she see the earth as we do
ja vasta sitten hän näki maan kuten me
However, each of the sisters made each other a promise
Kuitenkin jokainen sisaruksista lupasi toisilleen
they were going to tell the others what they had seen
he aikoivat kertoa muille näkemänsä
Their grandmother could not tell them enough

Heidän isoäitinsä ei voinut kertoa heille tarpeeksi
there were so many things they wanted to know about
oli niin paljon asioita, joista he halusivat tietää

the youngest sister longed for her turn the most
nuorin sisko kaipasi vuoroaan eniten
but, she had to wait longer than all the others
mutta hänen piti odottaa pidempään kuin kaikki muut
and she was so quiet and thoughtful about the world
ja hän oli niin hiljainen ja miettinyt maailmaa
there were many nights where she stood by the open window
oli monta yötä, jolloin hän seisoi avoimen ikkunan ääressä
and she looked up through the dark blue water
ja hän katsoi ylös tummansinisen veden läpi
and she watched the fish as they splashed with their fins
ja hän katseli kaloja niiden roiskuessa evällään
She could see the moon and stars shining faintly
Hän näki kuun ja tähdet heikosti loistavan
but from deep below the water these things look different
mutta syvältä veden alta nämä asiat näyttävät erilaisilta
the moon and stars looked larger than they do to our eyes
kuu ja tähdet näyttivät suuremmilta kuin meidän silmissämme
sometimes, something like a black cloud went past
joskus ohi meni jotain kuin musta pilvi
she knew that it could be a whale swimming over her head
hän tiesi, että se saattoi olla valas, joka ui hänen päänsä yli
or it could be a ship, full of human beings
tai se voi olla laiva, täynnä ihmisiä
human beings who couldn't imagine what was under them
ihmisiä, jotka eivät voineet kuvitella, mitä heidän allastaan oli
a pretty little mermaid holding out her white hands
kaunis pieni merenneito ojentaa valkoisia käsiään
a pretty little mermaid reaching towards their ship
kaunis pieni merenneito kurkottaa laivaansa kohti

The Little Mermaid's Sisters
Pienen merenneidon sisaret

The day came when the eldest mermaid had her fifteenth birthday
Päivä koitti, jolloin vanhin merenneito täytti viisitoista vuotta
now she was allowed to rise to the surface of the ocean
nyt hänen annettiin nousta valtameren pintaan
and that night she swum up to the surface
ja sinä yönä hän ui pintaan
you can imagine all the things she saw up there
voit kuvitella kaiken mitä hän näki siellä
and you can imagine all the things she had to talk about
ja voit kuvitella kaikki asiat, joista hän joutui puhumaan
But the finest thing, she said, was to lie on a sand bank
Mutta hienointa, hän sanoi, oli maata hiekkarannalla
in the quiet moonlit sea, near the shore
hiljaisessa kuutamossa meressä, lähellä rantaa
from there she had gazed at the lights on the land
sieltä hän oli katsonut maan valoja
they were the lights of the near-by town
ne olivat läheisen kaupungin valoja
the lights had twinkled like hundreds of stars
valot olivat välkkyneet kuin sadat tähdet
she had listened to the sounds of music from the town
hän oli kuunnellut kaupungin musiikin ääniä
she had heard noise of carriages drawn by their horses
hän oli kuullut hevosten vetämien vaunujen äänen
and she had heard the voices of human beings
ja hän oli kuullut ihmisten ääniä
and the had heard merry pealing of the bells
ja he olivat kuulleet iloisen kellonsoiton
the bells ringing in the church steeples
kellot soivat kirkon torneissa
but she could not go near all these wonderful things

mutta hän ei voinut mennä lähellekään kaikkia näitä upeita
asioita
so she longed for these wonderful things all the more
joten hän kaipasi näitä upeita asioita entistä enemmän

you can imagine how eagerly the youngest sister listened
voit kuvitella kuinka innokkaasti nuorin sisko kuunteli
the descriptions of the upper world were like a dream
kuvaukset ylämaailmasta olivat kuin unelma
afterwards she stood at the open window of her room
sen jälkeen hän seisoi huoneensa avoimen ikkunan ääressä
and she looked to the surface, through the dark-blue water
ja hän katsoi pintaan tummansinisen veden läpi
she thought of the great city her sister had told her of
hän ajatteli suurta kaupunkia, josta hänen sisarensa oli
kertonut hänelle
the great city with all its bustle and noise
suuri kaupunki kaikessa hälinässä ja melussa
she even fancied she could hear the sound of the bells
hän jopa luuli voivansa kuulla kellojen äänen
**she imagined the sound of the bells carried to the depths of
the sea**
hän kuvitteli kellojen äänen meren syvyyksiin

after another year the second sister had her birthday
toisen vuoden kuluttua toisella siskolla oli syntymäpäivä
she too received permission to swim up to the surface
hänkin sai luvan uida pintaan
and from there she could swim about where she pleased
ja sieltä hän saattoi uida missä halusi
She had gone to the surface just as the sun was setting
Hän oli noussut pintaan juuri auringon laskiessa
this, she said, was the most beautiful sight of all
tämä, hän sanoi, oli kaunein näky kaikista
The whole sky looked like a disk of pure gold
Koko taivas näytti puhtaalta kultalevyltä

and there were violet and rose-colored clouds
ja siellä oli violetteja ja ruusunvärisiä pilviä
they were too beautiful to describe, she said
ne olivat liian kauniita kuvailtaviksi, hän sanoi
and she said how the clouds drifted across the sky
ja hän kertoi kuinka pilvet ajautuivat taivaalla
and something had flown by more swiftly than the clouds
ja jokin oli lentänyt nopeammin kuin pilvet
a large flock of wild swans flew toward the setting sun
suuri villijoutsenparvi lensi kohti laskevaa aurinkoa
the swans had been like a long white veil across the sea
Joutsenet olivat olleet kuin pitkä valkoinen verho meren yli
She had also tried to swim towards the sun
Hän oli myös yrittänyt uida kohti aurinkoa
but some distance away the sun sank into the waves
mutta jonkin matkan päässä aurinko painui aaltoihin
she saw how the rosy tints faded from the clouds
hän näki kuinka ruusuiset sävyt haalistuivat pilvistä
and she saw how the colour had also faded from the sea
ja hän näki, kuinka myös väri oli haalistunut merestä

the next year it was the third sister's turn
seuraavana vuonna oli kolmannen sisaren vuoro
this sister was the most daring of all the sisters
tämä sisko oli rohkein kaikista sisaruksista
she swam up a broad river that emptied into the sea
hän ui ylös leveää jokea, joka laskeutui mereen
On the banks of the river she saw green hills
Joen rannoilla hän näki vihreitä kukkuloita
the green hills were covered with beautiful vines
vihreät kukkulat olivat kauniiden viiniköynnösten peitossa
and on the hills there were forests of trees
ja kukkuloilla oli puiden metsiä
and out of the forests palaces and castles poked out
ja metsistä työntyi esiin palatseja ja linnoja
She had heard birds singing in the trees

Hän oli kuullut lintujen laulua puissa
and she had felt the rays of the sun on her skin
ja hän oli tuntenut auringon säteet ihollaan
the rays were so strong that she had to dive back
säteet olivat niin voimakkaita, että hänen täytyi sukeltaa takaisin
and she cooled her burning face in the cool water
ja hän jäähdytti palavat kasvonsa viileässä vedessä
In a narrow creek she found a group of little children
Kapeasta purosta hän löysi ryhmän pieniä lapsia
they were the first human children she had ever seen
he olivat ensimmäiset ihmislapset, joita hän koskaan nähnyt
She wanted to play with the children too
Hän halusi myös leikkiä lasten kanssa
but the children fled from her in a great fright
mutta lapset pakenivat hänen luotaan suuressa peloissaan
and then a little black animal came to the water
ja sitten pieni musta eläin tuli veteen
it was a dog, but she did not know it was a dog
se oli koira, mutta hän ei tiennyt sen olevan koira
because she had never seen a dog before
koska hän ei ollut koskaan ennen nähnyt koiraa
and the dog barked at the mermaid furiously
ja koira haukkui merenneitolle kiivaasti
she became frightened and rushed back to the open sea
hän pelästyi ja ryntäsi takaisin avomerelle
But she said she should never forget the beautiful forest
Mutta hän sanoi, ettei hänen pitäisi koskaan unohtaa kaunista metsää
the green hills and the pretty children
vihreät kukkulat ja kauniit lapset
she found it exceptionally funny how they swam
hänen mielestään oli poikkeuksellisen hauskaa kuinka he uivat
because the little human children didn't have tails
koska pienillä ihmislapsilla ei ollut häntää

so with their little legs they kicked the water
joten he potkivat vettä pienillä jaloillaan

The fourth sister was more timid than the last
Neljäs sisko oli arkampi kuin edellinen
She had decided to stay in the midst of the sea
Hän oli päättänyt jäädä keskelle merta
but she said it was as beautiful there as nearer the land
mutta hän sanoi, että siellä oli yhtä kaunista kuin lähempänä maata
from the surface she could see many miles around her
pinnasta hän näki monta kilometriä ympärillään
the sky above her looked like a bell of glass
taivas hänen yläpuolellaan näytti lasikellolta
and she had seen the ships sail by
ja hän oli nähnyt laivojen kulkevan ohi
but the ships were at a very great distance from her
mutta laivat olivat hyvin kaukana hänestä
and, with their sails, the ships looked like sea gulls
ja purjeineen laivat näyttivät lokkeilta
she saw how the dolphins played in the waves
hän näki kuinka delfiinit leikkivät aalloissa
and great whales spouted water from their nostrils
ja suuret valaat valuivat vettä sieraimistaan
like a hundred fountains all playing together
kuin sata suihkulähdettä, jotka kaikki leikkivät yhdessä

The fifth sister's birthday occurred in the winter
Viidennen siskon syntymäpäivä sattui talvella
so she saw things that the others had not seen
joten hän näki asioita, joita muut eivät olleet nähneet
at this time of the year the sea looked green
tähän aikaan vuodesta meri näytti vihreältä
large icebergs were floating on the green water
suuret jäävuoret kelluivat vihreässä vedessä
and each iceberg looked like a pearl, she said

ja jokainen jäävuori näytti helmeltä, hän sanoi
but they were larger and loftier than the churches
mutta ne olivat suurempia ja ylevämpiä kuin kirkot
and they were of the most interesting shapes
ja ne olivat muodoltaan mielenkiintoisimpia
and each iceberg glittered like diamonds
ja jokainen jäävuori loisteli kuin timantit
She had seated herself on one of the icebergs
Hän oli istunut yhdelle jäävuoresta
and she let the wind play with her long hair
ja hän antoi tuulen leikkiä pitkillä hiuksillaan
She noticed something interesting about the ships
Hän huomasi aluksissa jotain mielenkiintoista
all the ships sailed past the icebergs very rapidly
kaikki alukset purjehtivat jäävuorten ohi erittäin nopeasti
and they steered away as far as they could
ja he ohjasivat pois niin pitkälle kuin pystyivät
it was as if they were afraid of the iceberg
oli kuin he olisivat pelänneet jäävuorta
she stayed out at sea into the evening
hän pysyi merellä iltaan asti
the sun went down and dark clouds covered the sky
aurinko laski ja tummat pilvet peittivät taivaan
the thunder rolled across the ocean of icebergs
ukkonen vierähti jäävuorten valtameren yli
and the flashes of lightning glowed red on the icebergs
ja salaman välähdykset hehkuivat punaisena jäävuorilla
and the icebergs were tossed about by the heaving sea
ja jäävuoria heitteli ympäriinsä heiluva meri
the sails of all the ships were trembling with fear
kaikkien laivojen purjeet vapisivat pelosta
and the mermaid sat calmly on the floating iceberg
ja merenneito istui rauhallisesti kelluvalla jäävuorella
and she watched the lightning strike into the sea
ja hän näki salaman iskevän mereen

All of her five older sisters had grown up now
Kaikki hänen viisi vanhempaa sisartaan olivat nyt aikuisia
therefore they could go to the surface when they pleased
siksi he saattoivat mennä pintaan halutessaan
at first they were delighted with the surface world
aluksi he olivat iloisia pintamaailmasta
they couldn't get enough of the new and beautiful sights
he eivät voineet saada tarpeekseen uusista ja kauniista nähtävyyksistä
but eventually they all grew indifferent towards the upper world
mutta lopulta he kaikki muuttuivat välinpitämättömiksi ylämaailmaa kohtaan
and after a month they didn't visit the surface world much at all anymore
ja kuukauden kuluttua he eivät enää vierailleet pintamaailmassa juurikaan
they told their sister it was much more beautiful at home
he kertoivat siskolleen, että kotona oli paljon kauniimpaa

Yet often, in the evening hours, they did go up
Silti usein iltaisin he nousivat ylös
the five sisters twined their arms round each other
viisi sisarta kietoivat kätensä toistensa ympärille
and together, arm in arm, they rose to the surface
ja yhdessä, käsi kädessä, he nousivat pintaan
often they went up when there was a storm approaching
usein ne nousivat, kun myrsky lähestyi
they feared that the storm might win a ship
he pelkäsivät, että myrsky voittaisi laivan
so they swam to the vessel and sung to the sailors
niin he uivat alukseen ja lauloivat merimiehille
Their voices were more charming than that of any human
Heidän äänensä olivat viehättävämpiä kuin kenenkään ihmisen äänet
and they begged the voyagers not to fear if they sank

ja he pyysivät matkailijoita olemaan pelkäämättä, jos he uppoutuisivat
because the depths of the sea was full of delights
sillä meren syvyydet olivat täynnä iloja
But the sailors could not understand their songs
Mutta merimiehet eivät ymmärtäneet laulujaan
and they thought their singing was the sighing of the storm
ja he luulivat laulunsa olevan myrskyn huokaus
therefore their songs were never beautiful to the sailors
siksi heidän laulunsa eivät koskaan olleet kauniita merimiehille
because if the ship sank the men would drown
sillä jos laiva uppoaa, miehet hukkuisivat
the dead gained nothing from the palace of the Sea King
kuolleet eivät saaneet mitään merikuninkaan palatsista
but their youngest sister was left at the bottom of the sea
mutta heidän nuorin sisarensa jäi meren pohjaan
looking up at them, she was ready to cry
Hän katsoi heitä ylös ja oli valmis itkemään
you should know mermaids have no tears that they can cry
sinun pitäisi tietää, että merenneidoilla ei ole kyyneleitä, joita he voisivat itkeä
so her pain and suffering was more acute than ours
joten hänen tuskansa ja kärsimyksensä olivat akuutimpia kuin meidän
"Oh, I wish I was also fifteen years old!" said she
"Oi, kunpa minäkin olisin viisitoistavuotias!" sanoi hän
"I know that I shall love the world up there"
"Tiedän, että tulen rakastamaan maailmaa tuolla ylhäällä"
"and I shall love all the people who live in that world"
"ja minä rakastan kaikkia ihmisiä, jotka elävät siinä maailmassa"

The Little Mermaid's Birthday
Pienen merenneidon syntymäpäivä

but, at last, she too reached her fifteenth birthday
mutta vihdoin hänkin täytti 15-vuotissyntymäpäivänsä
"Well, now you are grown up," said her grandmother
"No, nyt olette aikuisia", sanoi hänen isoäitinsä
"Come, and let me adorn you like your sisters"
"Tule ja anna minun koristella sinua kuten sisariasi"
And she placed a wreath of white lilies in her hair
Ja hän asetti seppeleen valkoisista liljoista hiuksiinsa
every petal of the lilies was half a pearl
jokainen liljan terälehti oli puoli helmiä
Then, the old lady ordered eight great oysters to come
Sitten vanha rouva määräsi kahdeksan suurta osteria tulemaan
the oysters attached themselves to the tail of the princess
osterit kiinnittyivät prinsessan häntään
under the sea oysters are used to show your rank
meren alla ostereita käytetään osoittamaan arvoasi
"But the oysters hurt me so," said the little mermaid
"Mutta osterit satutti minua niin", sanoi pieni merenneito
"Yes, I know oysters hurt," replied the old lady
"Kyllä, tiedän, että osterit sattuvat", vastasi vanha rouva
"but you know very well that pride must suffer pain"
"mutta tiedät varsin hyvin, että ylpeyden täytyy kärsiä tuskaa"
how gladly she would have shaken off all this grandeur
kuinka mielellään hän olisi ravistellut pois kaiken tämän loiston
she would have loved to lay aside the heavy wreath!
hän olisi mielellään laskenut syrjään raskaan seppeleen!
she thought of the red flowers in her own garden
hän ajatteli punaisia kukkia omassa puutarhassaan
the red flowers would have suited her much better
punaiset kukat olisivat sopineet hänelle paljon paremmin
But she could not change herself into something else

Mutta hän ei voinut muuttaa itseään joksikin muuksi
so she said farewell to her grandmother and sisters
niin hän sanoi jäähyväiset isoäidilleen ja sisarilleen
and, as lightly as a bubble, she rose to the surface
ja kevyesti kuin kupla hän nousi pintaan

The sun had just set when she raised her head above the waves
Aurinko oli juuri laskenut, kun hän kohotti päänsä aaltojen yläpuolelle
The clouds were tinted with crimson and gold from the sunset
Pilvet sävytettiin karmiininpunaisella ja kullalla auringonlaskun jälkeen
and through the glimmering twilight beamed the evening star
ja hohtavan hämärän läpi säteili iltatähti
The sea was calm, and the sea air was mild and fresh
Meri oli tyyni ja meri-ilma leuto ja raikas
A large ship with three masts lay lay calmly on the water
Suuri kolmimastoinen laiva makasi rauhallisesti vedessä
only one sail was set, for not a breeze stirred
vain yksi purje laskettiin, sillä tuulta ei sekoittunut
and the sailors sat idle on deck, or amidst the rigging
ja merimiehet istuivat toimettomana kannella tai takilan keskellä
There was music and songs on board of the ship
Laivalla soi musiikkia ja lauluja
as darkness came a hundred colored lanterns were lighted
pimeyden tullessa sytytettiin sata värillistä lyhtyä
it was as if the flags of all nations waved in the air
oli kuin kaikkien kansojen liput heiluisivat ilmassa

The little mermaid swam close to the cabin windows
Pieni merenneito ui lähellä hytin ikkunoita
now and then the waves of the sea lifted her up

silloin tällöin meren aallot nostivat hänet ylös
she could look in through the glass window-panes
hän saattoi katsoa sisään lasi-ikkunoiden läpi
and she could see a number of curiously dressed people
ja hän näki joukon uteliaasti pukeutuneita ihmisiä
Among the people she could see there was a young prince
Niiden ihmisten joukossa, joita hän näki, oli nuori prinssi
the prince was the most beautiful of them all
prinssi oli kaunein heistä
she had never seen anyone with such beautiful eyes
hän ei ollut koskaan nähnyt ketään näin kauniilla silmillä
it was the celebration of his sixteenth birthday
se oli hänen kuudennentoista syntymäpäivänsä juhla
The sailors were dancing on the deck of the ship
Merimiehet tanssivat laivan kannella
all cheered when the prince came out of the cabin
kaikki hurrasivat, kun prinssi tuli ulos hytistä
and more than a hundred rockets rose into the air
ja yli sata rakettia nousi ilmaan
for some time the fireworks made the sky as bright as day
jonkin aikaa ilotulitus teki taivaan kirkkaaksi kuin päivä
of course our young mermaid had never seen fireworks before
nuori merenneitomme ei tietenkään ollut koskaan ennen nähnyt ilotulitteita
startled by all the noise, she went back under the water
Hätkähtyneenä kaikesta melusta hän meni takaisin veden alle
but soon she again stretched out her head
mutta pian hän taas ojensi päätään
it was as if all the stars of heaven were falling around her
oli kuin kaikki taivaan tähdet putosivat hänen ympärilleen
splendid fireflies flew up into the blue air
upeat tulikärpäset lensivät siniseen ilmaan
and everything was reflected in the clear, calm sea
ja kaikki heijastui kirkkaassa, tyynessä meressä
The ship itself was brightly illuminated by all the light

Laiva itsessään oli kirkkaasti valaistu kaikessa valossa
she could see all the people and even the smallest rope
hän näki kaikki ihmiset ja pienimmänkin köyden
How handsome the young prince looked thanking his guests!
Kuinka komealta nuori prinssi näyttikään kiittäen vieraita!
and the music resounded through the clear night air!
ja musiikki soi läpi kirkkaan yöilman!

the birthday celebrations lasted late into the night
syntymäpäiväjuhlat kestivät myöhään yöhön
but the little mermaid could not take her eyes from the ship
mutta pieni merenneito ei voinut irrottaa katsettaan laivasta
nor could she take her eyes from the beautiful prince
eikä hän voinut irrottaa silmiään kauniista prinssistä
The colored lanterns had now been extinguished
Värilliset lyhdyt olivat nyt sammuneet
and there were no more rockets that rose into the air
eikä ilmaan noussut raketteja enää
the cannon of the ship had also ceased firing
myös laivan tykki oli lopettanut ampumisen
but now it was the sea that became restless
mutta nyt meri muuttui levottomaksi
a moaning, grumbling sound could be heard beneath the waves
aaltojen alta kuului valittava, muriseva ääni
and yet, the little mermaid remained by the cabin window
Pieni merenneito jäi kuitenkin hytin ikkunaan
she was rocking up and down on the water
hän keinutti ylös ja alas vedessä
so that she could keep looking into the ship
jotta hän voisi jatkaa katsomista laivaan
After a while the sails were quickly set
Hetken kuluttua purjeet laskettiin nopeasti
and the ship went on her way back to port
ja laiva lähti takaisin satamaan

But soon the waves rose higher and higher
Mutta pian aallot nousivat korkeammalle ja korkeammalle
dark, heavy clouds darkened the night sky
tummat, raskaat pilvet pimensivät yötaivasta
and there appeared flashes of lightning in the distance
ja kaukaisuudessa näkyi salaman välähdys
not far away a dreadful storm was approaching
ei kaukana hirveä myrsky lähestyi
Once more the sails were lowered against the wind
Jälleen kerran purjeet laskettiin tuulta vasten
and the great ship pursued her course over the raging sea
ja suuri laiva jatkoi kulkuaan raivoavan meren yli
The waves rose as high as the mountains
Aallot nousivat yhtä korkealle kuin vuoret
one would have thought the waves were going to have the ship
olisi luullut, että aallot saavat laivan
but the ship dived like a swan between the waves
mutta laiva sukelsi kuin joutsen aaltojen välissä
then she rose again on their lofty, foaming crests
sitten hän nousi jälleen heidän yleville, vaahtoaville harteilleen
To the little mermaid this was pleasant to watch
Pienelle merenneitolle tämä oli miellyttävää katsottavaa
but it was not pleasant for the sailors
mutta se ei ollut miellyttävää merimiehille
the ship made awful groaning and creaking sounds
laivasta kuului kauheita murisevia ja narisevia ääniä
and the waves broke over the deck of the ship again and again
ja aallot murtautuivat laivan kannen yli uudestaan ja uudestaan
the thick planks gave way under the lashing of the sea
paksut lankut antoivat periksi meren sidoksissa
under the pressure the mainmast snapped asunder, like a reed

paineen alaisena päämasto katkesi, kuin ruoko
and, as the ship lay over on her side, the water rushed in
ja kun laiva makasi kyljellään, vesi ryntäsi sisään

The little mermaid realized that the crew were in danger
Pieni merenneito tajusi, että miehistö oli vaarassa
her own situation wasn't without danger either
hänen oma tilanteensa ei myöskään ollut vaaraton
she had to avoid the beams and planks scattered in the water
hänen oli vältettävä vedessä hajallaan olevia palkkeja ja lankkuja
for a moment everything turned into complete darkness
hetkeksi kaikki muuttui täydelliseksi pimeydeksi
and the little mermaid could not see where she was
ja pieni merenneito ei nähnyt missä hän oli
but then a flash of lightning revealed the whole scene
mutta sitten salaman välähdys paljasti koko kohtauksen
she could see everyone was still on board of the ship
hän näki, että kaikki olivat edelleen laivassa
well, everyone was on board of the ship, except the prince
no, kaikki olivat laivassa paitsi prinssi
the ship continued on its path to the land
laiva jatkoi matkaansa kohti maata
and she saw the prince sink into the deep waves
ja hän näki prinssin vajoavan syviin aaltoihin
for a moment this made her happier than it should have
hetkeksi tämä teki hänet onnellisemmaksi kuin sen olisi pitänyt
now that he was in the sea she could be with him
nyt kun hän oli meressä, hän voisi olla hänen kanssaan
Then she remembered the limits of human beings
Sitten hän muisti ihmisten rajat
the people of the land cannot live in the water
maan ihmiset eivät voi elää vedessä
if he got to the palace he would already be dead
jos hän pääsisi palatsiin, hän olisi jo kuollut

"No, he must not die!" she decided
"Ei, hän ei saa kuolla!" hän päätti
she forget any concern for her own safety
hän unohtaa kaiken huolen omasta turvallisuudestaan
and she swam through the beams and planks
ja hän ui palkkien ja lankojen läpi
two beams could easily crush her to pieces
kaksi palkkia voisi helposti murskata hänet palasiksi
she dove deep under the dark waters
hän kyyhkysi syvälle tummien vesien alle
everything rose and fell with the waves
kaikki nousi ja putosi aaltojen mukana
finally, she managed to reach the young prince
lopulta hän onnistui tavoittamaan nuoren prinssin
he was fast losing the power to swim in the stormy sea
hän oli nopeasti menettämässä kykynsä uida myrskyisessä meressä
His limbs were starting to fail him
Hänen jäsenensä alkoivat pettää häntä
and his beautiful eyes were closed
ja hänen kauniit silmänsä olivat kiinni
he would have died had the little mermaid not come
hän olisi kuollut, jos pieni merenneito ei olisi tullut
She held his head above the water
Hän piti hänen päätään veden yläpuolella
and she let the waves carry them where they wanted
ja hän antoi aaltojen kuljettaa heidät minne he halusivat

In the morning the storm had ceased
Aamulla myrsky oli lakannut
but of the ship not a single fragment could be seen
mutta laivasta ei näkynyt ainuttakaan sirpaletta
The sun came up, red and shining, out of the water
Aurinko nousi vedestä punaisena ja paistaen
the sun's beams had a healing effect on the prince
auringonsäteillä oli parantava vaikutus prinssiin

the hue of health returned to the prince's cheeks
terveyden sävy palasi prinssin poskille
but despite the sun, his eyes remained closed
mutta auringosta huolimatta hänen silmänsä pysyivät kiinni
The mermaid kissed his high, smooth forehead
Merenneito suuteli hänen korkeaa, sileää otsaansa
and she stroked back his wet hair
ja hän silitti hänen kosteita hiuksiaan taaksepäin
He seemed to her like the marble statue in her garden
Hän vaikutti hänestä marmoripatsaalta hänen puutarhassaan
so she kissed him again, and wished that he lived
niin hän suuteli häntä uudelleen ja toivoi hänen elävän

Presently, they came in sight of land
Tällä hetkellä he tulivat näkyville maata
and she saw lofty blue mountains on the horizon
ja hän näki horisontissa korkeita sinisiä vuoria
on top of the mountains the white snow rested
vuorten huipulla valkoinen lumi lepäsi
as if a flock of swans were lying upon the mountains
kuin joutsenparvi makaa vuorilla
Beautiful green forests were near the shore
Kauniita vihreitä metsiä oli lähellä rantaa
and close by there stood a large building
ja sen vieressä seisoi suuri rakennus
it could have been a church or a convent
se olisi voinut olla kirkko tai luostari
but she was still too far away to be sure
mutta hän oli silti liian kaukana ollakseen varma
Orange and citron trees grew in the garden
Puutarhassa kasvoi appelsiini- ja sitruunapuita
and before the door stood lofty palms
ja oven edessä seisoivat korkeat kämmenet
The sea here formed a little bay
Meri täällä muodosti pienen lahden
in the bay the water lay quiet and still

lahdessa vesi makasi hiljaa ja tyynenä
but although the water was still, it was very deep
mutta vaikka vesi oli tyyntä, se oli hyvin syvää
She swam with the handsome prince to the beach
Hän ui komean prinssin kanssa rannalle
the beach was covered with fine white sand
ranta oli hienon valkoisen hiekan peitossa
and on the sand she laid him in the warm sunshine
ja hiekalle hän laski hänet lämpimään auringonpaisteeseen
she took care to raise his head higher than his body
hän huolehti nostaakseen hänen päänsä korkeammalle kuin hänen vartalonsa
Then bells sounded from the large white building
Sitten suuresta valkoisesta rakennuksesta soi kellot
some young girls came into the garden
jotkut nuoret tytöt tulivat puutarhaan
The little mermaid swam out farther from the shore
Pieni merenneito ui kauemmaksi rannasta
she hid herself among some high rocks in the water
hän piiloutui joidenkin korkeiden kivien sekaan veteen
she covered her head and neck with the foam of the sea
hän peitti päänsä ja kaulaansa meren vaahdolla
and she watched to see what would become of the poor prince
ja hän katseli nähdäkseen, mitä köyhälle prinssille tapahtuisi

It was not long before she saw a young girl approach
Ei kestänyt kauan, kun hän näki nuoren tytön lähestyvän
the young girl seemed frightened, at first
nuori tyttö vaikutti aluksi peloissaan
but her fear only lasted for a moment
mutta hänen pelkonsa kesti vain hetken
then she brought over a number of people
sitten hän toi joukkoon ihmisiä
and the mermaid saw that the prince came to life again
ja merenneito näki, että prinssi heräsi jälleen henkiin

he smiled upon those who stood around him
hän hymyili niille, jotka seisoivat hänen ympärillään
But to the little mermaid the prince sent no smile
Mutta pienelle merenneitolle prinssi ei hymyillyt
he knew not that it was her who had saved him
hän ei tiennyt, että se oli hän, joka oli pelastanut hänet
This made the little mermaid very sorrowful
Tämä teki pienen merenneidon hyvin surulliseksi
and then he was led away into the great building
ja sitten hänet johdettiin suureen rakennukseen
and the little mermaid dived down into the water
ja pieni merenneito sukelsi veteen
and she returned to her father's castle
ja hän palasi isänsä linnaan

The Little Mermaid Longs for the Upper World
Pieni merenneito kaipaa ylämaailmaa

She had always been the most silent and thoughtful of the sisters
Hän oli aina ollut sisaruksista hiljaisin ja ajattelevaisin
and now she was more silent and thoughtful than ever
ja nyt hän oli hiljaisempi ja ajattelevampi kuin koskaan
Her sisters asked her what she had seen on her first visit
Hänen sisarensa kysyivät häneltä, mitä hän oli nähnyt ensimmäisellä vierailullaan
but she could tell them nothing of what she had seen
mutta hän ei voinut kertoa heille mitään näkemästään
Many an evening and morning she returned to the surface
Monta iltaa ja aamua hän palasi pintaan
and she went to the place where she had left the prince
ja hän meni paikkaan, johon hän oli jättänyt prinssin
She saw the fruits in the garden ripen
Hän näki puutarhan hedelmät kypsyvän
and she watched the fruits gathered from their trees
ja hän katseli heidän puistaan kerättyjä hedelmiä
she watched the snow on the mountain tops melt away
hän näki lumen sulavan vuoren huipuilta
but on none of her visits did she see the prince again
mutta millään vierailullaan hän ei nähnyt prinssiä enää
and therefore she always returned more sorrowful than when she left
ja siksi hän palasi aina surullisempina kuin lähtiessään

her only comfort was sitting in her own little garden
hänen ainoa lohdutuksensa oli istua omassa pienessä puutarhassaan
she flung her arms around the beautiful marble statue
hän kietoi kätensä kauniin marmoripatsaan ympärille
the statue which looked just like the prince
patsas, joka näytti aivan prinssiltä

She had given up tending to her flowers
Hän oli luopunut kukkien hoitamisesta
and her garden grew in wild confusion
ja hänen puutarhansa kasvoi villiin hämmennykseen
they twinied the long leaves and stems of the flowers around the trees
he niputtivat kukkien pitkät lehdet ja varret puiden ympärille
so that the whole garden became dark and gloomy
niin että koko puutarhasta tuli pimeä ja synkkä

eventually she could bear the pain no longer
lopulta hän ei kestänyt kipua enää
and she told one of her sisters all that had happened
ja hän kertoi yhdelle sisaruksistaan kaiken, mitä oli tapahtunut
soon the other sisters heard the secret
pian muut sisaret kuulivat salaisuuden
and very soon her secret became known to several maids
ja hyvin pian hänen salaisuutensa tuli useiden piikojen tiedoksi
one of the maids had a friend who knew about the prince
yhdellä piikalla oli ystävä, joka tiesi prinssistä
She had also seen the festival on board the ship
Hän oli myös nähnyt festivaalin laivalla
and she told them where the prince came from
ja hän kertoi heille, mistä prinssi tuli
and she told them where his palace stood
ja hän kertoi heille, missä hänen palatsinsa oli

"Come, little sister," said the other princesses
"Tule, pikkusisko", sanoivat muut prinsessat
they entwined their arms and rose up together
he kietoivat kätensä yhteen ja nousivat ylös
they went near to where the prince's palace stood
he menivät lähelle prinssin palatsipaikkaa
the palace was built of bright-yellow, shining stone

palatsi rakennettiin kirkkaankeltaisesta, kiiltävästä kivestä
and the palace had long flights of marble steps
ja palatsissa oli pitkät marmoriportaat
one of the flights of steps reached down to the sea
yksi portaista ulottui alas mereen
Splendid gilded cupolas rose over the roof
Katon yli kohosivat upeat kullatut kupolit
the whole building was surrounded by pillars
koko rakennus oli pylväiden ympäröimä
and between the pillars stood lifelike statues of marble
ja pylväiden välissä seisoi todentuntuisia marmoripatsaita
they could see through the clear crystal of the windows
he näkivät ikkunoiden kirkkaan kristallin läpi
and they could look into the noble rooms
ja he saattoivat katsoa jalohuoneisiin
costly silk curtains and tapestries hung from the ceiling
kalliita silkkiverhoja ja seinävaatteita riippui katosta
and the walls were covered with beautiful paintings
ja seinät peitettiin kauniilla maalauksilla
In the centre of the largest salon was a fountain
Suurimman salongin keskellä oli suihkulähde
the fountain threw its sparkling jets high up
suihkulähde heitti kimaltelevat suihkut korkealle
the water splashed onto the glass cupola of the ceiling
vesi roiskui katon lasikupuliin
and the sun shone in through the water
ja aurinko paistoi veden läpi
and the water splashed on the plants around the fountain
ja vesi roiskui kasveille suihkulähteen ympärillä

Now the little mermaid knew where the prince lived
Nyt pieni merenneito tiesi, missä prinssi asui
so she spent many a night in those waters
joten hän vietti monta yötä noissa vesissä
she got more courageous than her sisters had been
hänestä tuli rohkeampi kuin hänen sisarensa olivat olleet

and she swam much nearer the shore than they had
ja hän ui paljon lähempänä rantaa kuin heillä oli
once she went up the narrow channel, under the marble balcony
kerran hän meni kapeaa kanavaa pitkin marmorilavekkeen alle
the balcony threw a broad shadow on the water
parveke heitti leveän varjon veteen
Here she sat and watched the young prince
Täällä hän istui ja katseli nuorta prinssiä
he, of course, thought he was alone in the bright moonlight
hän tietysti luuli olevansa yksin kirkkaassa kuunvalossa

She often saw him in the evenings, sailing in a beautiful boat
Hän näki hänet usein iltaisin purjehtimassa kauniissa veneessä
music sounded from the boat and the flags waved
Musiikki soi veneestä ja liput heiluivat
She peeped out from among the green rushes
Hän kurkisti ulos vihreiden kurkkujen joukosta
at times the wind caught her long silvery-white veil
toisinaan tuuli nappasi hänen pitkän hopeanvalkoisen verhon
those who saw her veil believed it to be a swan
ne, jotka näkivät hänen verhon, uskoivat sen olevan joutsen
her veil had all the appearance of a swan spreading its wings
hänen hunnunsa näytti joutsenelta, joka levitti siipiään

Many a night, too, she watched the fishermen set their nets
Hän katseli myös monta yötä kalastajien laskevan verkkojaan
they cast their nets in the light of their torches
he heittivät verkkonsa soihtujensa valossa
and she heard them tell many good things about the prince
ja hän kuuli heidän kertovan monia hyviä asioita prinssistä
this made her glad that she had saved his life
tämä teki hänet iloiseksi, että hän oli pelastanut hänen henkensä

when he was tossed around half dead on the waves
kun hänet heitettiin puolikuolleeksi aalloilla
She remembered how his head had rested on her bosom
Hän muisti, kuinka hänen päänsä oli levännyt hänen rinnallaan
and she remembered how heartily she had kissed him
ja hän muisti, kuinka sydämellisesti hän oli suudellut häntä
but he knew nothing of all that had happened
mutta hän ei tiennyt mitään kaikesta, mitä oli tapahtunut
the young prince could not even dream of the little mermaid
nuori prinssi ei voinut edes uneksia pienestä merenneidosta

She grew to like human beings more and more
Hän alkoi pitää ihmisistä yhä enemmän
she wished more and more to be able to wander their world
hän halusi yhä enemmän voivansa vaeltaa heidän maailmassaan
their world seemed to be so much larger than her own
heidän maailmansa näytti olevan paljon suurempi kuin hänen omansa
They could fly over the sea in ships
He voisivat lentää meren yli laivoissa
and they could mount the high hills far above the clouds
ja he pystyivät nousemaan korkeille kukkuloille pitkälle pilvien yläpuolelle
in their lands they possessed woods and fields
omissa maissaan heillä oli metsiä ja peltoja
the greenery stretched beyond the reach of her sight
vihreys ulottui hänen näkemyksensä ulkopuolelle
There was so much that she wished to know!
Siellä oli niin paljon, mitä hän halusi tietää!
but her sisters were unable to answer all her questions
mutta hänen sisarensa eivät kyenneet vastaamaan kaikkiin hänen kysymyksiinsä
She then went to her old grandmother for answers
Sitten hän meni vanhalta isoäitinsä luokse etsimään vastauksia

her grandmother knew all about the upper world
hänen isoäitinsä tiesi kaiken ylämaailmasta
she rightly called this world "the lands above the sea"
hän oikeutetusti kutsui tätä maailmaa "maiksi meren yläpuolella"

"If human beings are not drowned, can they live forever?"
"Jos ihmiset eivät hukku, voivatko he elää ikuisesti?"
"Do they never die, as we do here in the sea?"
"Eivätkö he koskaan kuole, kuten me täällä meressä?"
"Yes, they die too," replied the old lady
"Kyllä, hekin kuolevat", vastasi vanha rouva
"like us, they must also die," added her grandmother
"Kuten me, myös heidän täytyy kuolla", lisäsi hänen isoäitinsä
"and their lives are even shorter than ours"
"ja heidän elämänsä on vielä lyhyempi kuin meidän"
"We sometimes live for three hundred years"
"Elämme joskus kolmesataa vuotta"
"but when we cease to exist here we become foam"
"mutta kun lakkaamme olemasta täällä, meistä tulee vaahtoa"
"and we float on the surface of the water"
"ja me kellumme veden pinnalla"
"we do not have graves for those we love"
"meillä ei ole hautoja niille, joita rakastamme"
"and we have not immortal souls"
"eikä meillä ole kuolemattomia sieluja"
"after we die we shall never live again"
"Kuolemme jälkeen emme elä enää koskaan"
"like the green seaweed, once it has been cut off"
"kuin vihreä merilevä, kun se on leikattu pois"
"after we die, we can never flourish again"
"Kuolemme jälkeen emme voi enää koskaan kukoistaa"
"Human beings, on the contrary, have souls"
"Ihmisillä päinvastoin on sielu"
"even after they're dead their souls live forever"
"Vaikka he ovat kuolleet, heidän sielunsa elää ikuisesti"

"when we die our bodies turn to foam"
"Kun kuolemme, kehomme muuttuu vaahdoksi"
"when they die their bodies turn to dust"
"Kun he kuolevat, heidän ruumiinsa muuttuu tomuksi"
"when we die we rise through the clear, blue water"
"Kun kuolemme, nousemme kirkkaan, sinisen veden läpi"
"when they die they rise up through the clear, pure air"
"Kuolettuaan he nousevat ylös kirkkaan, puhtaan ilman läpi"
"when we die we float no further than the surface"
"Kun kuolemme, emme kellu pinnan yläpuolella"
"but when they die they go beyond the glittering stars"
"mutta kuollessaan he menevät kimaltelevien tähtien ulkopuolelle"
"we rise out of the water to the surface"
"nousemme vedestä pintaan"
"and we behold all the land of the earth"
"ja me näemme koko maan maan"
"they rise to unknown and glorious regions"
"he nousevat tuntemattomille ja loistoisille alueille"
"glorious and unknown regions which we shall never see"
"kunniaisia ja tuntemattomia alueita, joita emme koskaan tule näkemään"
the little mermaid mourned her lack of a soul
pieni merenneito suri sielun puutetta
"Why have not we immortal souls?" asked the little mermaid
"Miksi meillä ei ole kuolemattomia sieluja?" kysyi pieni merenneito
"I would gladly give all the hundreds of years that I have"
"Antaisin mielelläni kaikki ne sadat vuodet, jotka minulla on"
"I would trade it all to be a human being for one day"
"Vaihtaisin kaiken ihmiseksi yhdeksi päiväksi"
"I can not imagine the hope of knowing such happiness"
"En voi kuvitella toivoa tuntea sellaista onnea"
"the happiness of that glorious world above the stars"
"tämän loistokkaan maailman onnellisuus tähtien yläpuolella"
"You must not think that way," said the old woman

"Et saa ajatella niin", sanoi vanha nainen
"We believe that we are much happier than the humans"
"Uskomme, että olemme paljon onnellisempia kuin ihmiset"
"and we believe we are much better off than human beings"
"ja uskomme, että olemme paljon paremmassa asemassa kuin ihmiset"

"So I shall die," said the little mermaid
"Joten minä kuolen", sanoi pieni merenneito
"being the foam of the sea, I shall be washed about"
"Olen meren vaahto, niin minut huuhdellaan"
"never again will I hear the music of the waves"
"en koskaan enää kuule aaltojen musiikkia"
"never again will I see the pretty flowers"
"en koskaan enää näe kauniita kukkia"
"nor will I ever again see the red sun"
"enkä enää koskaan näe punaista aurinkoa"
"Is there anything I can do to win an immortal soul?"
"Voinko tehdä mitään voittaaksesi kuolemattoman sielun?"
"No," said the old woman, "unless..."
"Ei", sanoi vanha nainen, "ellei..."
"there is just one way to gain a soul"
"On vain yksi tapa saada sielu"
"a man has to love you more than he loves his father and mother"
"miehen täytyy rakastaa sinua enemmän kuin isäänsä ja äitiään"
"all his thoughts and love must be fixed upon you"
"kaikki hänen ajatuksensa ja rakkautensa on kiinnitettävä sinuun"
"he has to promise to be true to you here and hereafter"
"hänen täytyy luvata olla uskollinen sinulle täällä ja tämän jälkeen"
"the priest has to place his right hand in yours"
"papin on laitettava oikea kätensä sinun käteesi"
"then your man's soul would glide into your body"

"Silloin miehesi sielu liukastuisi kehoosi"
"you would get a share in the future happiness of mankind"
"Saisit osuuden ihmiskunnan tulevasta onnesta"
"He would give to you a soul and retain his own as well"
"Hän antaisi sinulle sielun ja säilyttäisi myös omansa"
"but it is impossible for this to ever happen"
"mutta tämän on mahdotonta tapahtua koskaan"
"Your fish's tail, among us, is considered beautiful"
"Kalan häntääsi pidetään kauniina keskuudessamme"
"but on earth your fish's tail is considered ugly"
"mutta maan päällä kalan häntää pidetään rumana"
"The humans do not know any better"
"Ihmiset eivät tiedä parempaa"
"their standard of beauty is having two stout props"
"heidän kauneusstandardinsa on kaksi jäykkää rekvisiittaa"
"these two stout props they call their legs"
"näitä kahta jäykkää rekvisiittaa he kutsuvat jaloikseen"
The little mermaid sighed at what appeared to be her destiny
Pieni merenneito huokaisi hänen kohtalolleen
and she looked sorrowfully at her fish's tail
ja hän katsoi surullisesti kalan häntäänsä
"Let us be happy with what we have," said the old lady
"Olkaamme tyytyväisiä siihen, mitä meillä on", sanoi vanha rouva
"let us dart and spring about for the three hundred years"
"Niikataan ja kiusataan kolmesataa vuotta"
"and three hundred years really is quite long enough"
"ja kolmesataa vuotta on todellakin tarpeeksi pitkä aika"
"After that we can rest ourselves all the better"
"Sen jälkeen voimme levätä itsemme entistä paremmin"
"This evening we are going to have a court ball"
"Tänä iltana meillä on kenttäpallo"

It was one of those splendid sights we can never see on earth

Se oli yksi niistä upeista nähtävyyksistä, joita emme voi koskaan nähdä maan päällä
the court ball took place in a large ballroom
kenttäpallo pidettiin suuressa juhlasalissa
The walls and the ceiling were of thick transparent crystal
Seinät ja katto olivat paksua läpinäkyvää kristallia
Many hundreds of colossal sea shells stood in rows on each side
Useita satoja kolossaalisia simpukoita seisoi riveissä kummallakin puolella
some of the sea shells were deep red, others were grass green
jotkut simpukankuoret olivat syvän punaisia, toiset ruohonvihreitä
and each of the sea shells had a blue fire in it
ja jokaisessa simpukassa oli sininen tuli
These fires lighted up the whole salon and the dancers
Nämä tulet sytyttivät koko salongin ja tanssijat
and the sea shells shone out through the walls
ja simpukat loistivat seinien läpi
so that the sea was also illuminated by their light
niin, että myös meri valaisi heidän valonsa
Innumerable fishes, great and small, swam past
Lukemattomat kalat, suuret ja pienet, uivat ohi
some of the fishes scales glowed with a purple brilliance
jotkin kalojen suomut hehkuivat purppuranpunaisena
and other fishes shone like silver and gold
ja muut kalat loistivat kuin hopea ja kulta
Through the halls flowed a broad stream
Hallien läpi virtasi leveä puro
and in the stream danced the mermen and the mermaids
ja purossa tanssivat merenneidot ja merenneidot
they danced to the music of their own sweet singing
he tanssivat oman suloisen laulunsa musiikin tahtiin

No one on earth has such lovely voices as they
Kenelläkään maan päällä ei ole niin kauniita ääniä kuin heillä

but the little mermaid sang more sweetly than all
mutta pieni merenneito lauloi suloisemmin kuin kaikki
The whole court applauded her with hands and tails
Koko tuomioistuin taputti häntä käsin ja hännällä
and for a moment her heart felt quite happy
ja hetken hänen sydämensä tunsi olevansa onnellinen
because she knew she had the sweetest voice in the sea
koska hän tiesi, että hänellä oli meren suloisin ääni
and she knew she had the sweetest voice on land
ja hän tiesi, että hänellä oli suloisin ääni maan päällä
But soon she thought again of the world above her
Mutta pian hän ajatteli jälleen yläpuolellaan olevaa maailmaa
she could not forget the charming prince
hän ei voinut unohtaa hurmaavaa prinssiä
it reminded her that he had an immortal soul
se muistutti häntä siitä, että hänellä oli kuolematon sielu
and she could not forget that she had no immortal soul
eikä hän voinut unohtaa, ettei hänellä ollut kuolematonta sielua
She crept away silently out of her father's palace
Hän hiipi hiljaa pois isänsä palatsista
everything within was full of gladness and song
kaikki sisällä oli täynnä iloa ja laulua
but she sat in her own little garden, sorrowful and alone
mutta hän istui omassa pienessä puutarhassaan murheellisena ja yksinäisenä
Then she heard the bugle sounding through the water
Sitten hän kuuli buglen soivan veden läpi
and she thought, "He is certainly sailing above"
ja hän ajatteli: "Hän varmasti purjehtii ylhäällä"
"he, the beautiful prince, in whom my wishes centre"
"hän, kaunis prinssi, jossa toiveeni keskittyvät"
"he, in whose hands I should like to place my happiness"
"hän, jonka käsiin haluaisin antaa onneni"
"I will venture all for him to win an immortal soul"

"Uskentelen kaiken hänen puolestaan voittaakseni kuolemattoman sielun"
"my sisters are dancing in my father's palace"
"Siskoni tanssivat isäni palatsissa"
"but I will go to the sea witch"
"mutta minä menen merinidan luo"
"the sea witch of whom I have always been so afraid"
"meren noita, jota olen aina pelännyt"
"but the sea witch can give me counsel, and help"
"Mutta merinita voi antaa minulle neuvoja ja auttaa"

The Sea Witch
Merinoita

Then the little mermaid went out from her garden
Sitten pieni merenneito lähti puutarhastaan
and she took the path to the foaming whirlpools
ja hän otti polun vaahtoaviin pyörteisiin
behind the foaming whirlpools the sorceress lived
noita asui vaahtoavien pyörteiden takana
the little mermaid had never gone that way before
pieni merenneito ei ollut koskaan aiemmin käynyt sillä tavalla
Neither flowers nor grass grew where she was going
Kukat tai ruoho eivät kasvaneet siellä, missä hän oli menossa
there was nothing but bare, gray, sandy ground
ei ollut muuta kuin paljas, harmaa, hiekkainen maa
this barren land stretched out to the whirlpool
tämä karu maa ulottui pyörteeseen asti
the water was like foaming mill wheels
vesi oli kuin vaahtoavia myllyn pyöriä
and the whirlpools seized everything that came within reach
ja porealtaat valtasivat kaiken, mikä oli ulottuvilla
the whirlpools cast their prey into the fathomless deep
porealtaat heittävät saaliinsa päättömään syvyyteen
Through these crushing whirlpools she had to pass
Näiden musertavien pyörteiden läpi hänen täytyi kulkea
only then could she reach the dominions of the sea witch
vasta sitten hän pääsi merinoidan valtakuntaan
after this came a stretch of warm, bubbling mire
tämän jälkeen tuli lämmin, kupliva suta
the sea witch called the bubbling mire her turf moor
merinita kutsui kuplivaa suoa nummekseen

Beyond her turf moor was the witch's house
Hänen nummen takana oli noidan talo
her house stood in the centre of a strange forest
hänen talonsa seisoi keskellä outoa metsää

in this forest all the trees and flowers were polypi
tässä metsässä kaikki puut ja kukat olivat polypi
but they were only half plant; the other half was animal
mutta ne olivat vain puolikas kasvi; toinen puoli oli eläintä
They looked like serpents with a hundred heads
He näyttivät käärmeiltä, joilla oli satapäistä päätä
and each serpent was growing out of the ground
ja jokainen käärme kasvoi maasta
Their branches were long, slimy arms
Niiden oksat olivat pitkiä, limaisia käsivarsia
and they had fingers like flexible worms
ja heillä oli sormet kuin taipuisilla matoilla
each of their limbs, from the root to the top, moved
jokainen heidän raajansa liikkui juuresta latvaan
All that could be reached in the sea they seized upon
Kaikki, mikä oli saavutettavissa meressä, johon he tarttuivat
and what they caught they held on tightly to
ja mistä he saivat kiinni, he pitivät tiukasti kiinni
so that what they caught never escaped from their clutches
joten se, mitä he saivat, ei koskaan paennut heidän kynsistään

The little mermaid was alarmed at what she saw
Pieni merenneito oli huolissaan näkemästään
she stood still and her heart beat with fear
hän seisoi paikallaan ja hänen sydämensä hakkasi pelosta
She came very close to turning back
Hän oli hyvin lähellä kääntymistä takaisin
but she thought of the beautiful prince
mutta hän ajatteli kaunista prinssiä
and she thought of the human soul for which she longed
ja hän ajatteli ihmissielua, jota hän kaipasi
with these thoughts her courage returned
näiden ajatusten myötä hänen rohkeutensa palasi
She fastened her long, flowing hair round her head
Hän kiinnitti pitkät, kiiltävät hiuksensa päänsä ympärille
so that the polypi could not grab hold of her hair

jotta polypi ei voinut tarttua hänen hiuksiinsa
and she crossed her hands across her bosom
ja hän ristiin kätensä rintansa yli
and then she darted forward like a fish through the water
ja sitten hän hyppäsi eteenpäin kuin kala vedessä
between the subtle arms and fingers of the ugly polypi
ruman polypin hienovaraisten käsivarsien ja sormien välissä
the polypi were stretched out on each side of her
polyypit olivat venyneet hänen molemmin puolin
She saw that they all held something in their grasp
Hän näki, että heillä kaikilla oli jotain käsissään
something they had seized with their numerous little arms
johon he olivat tarttuneet lukuisilla pienillä käsivarsillaan
they were holding white skeletons of human beings
he pitivät kädessään valkoisia ihmisten luurankoja
sailors who had perished at sea in storms
merimiehiä, jotka olivat menehtyneet merellä myrskyissä
sailors who had sunk down into the deep waters
merimiehiä, jotka olivat uppoaneet syvään veteen
and there were skeletons of land animals
ja siellä oli maaeläinten luurankoja
and there were oars, rudders, and chests of ships
ja siellä oli airot, peräsimet ja laivaarkut
There was even a little mermaid whom they had caught
Siellä oli jopa pieni merenneito, jonka he olivat saaneet kiinni
the poor mermaid must have been strangled by the hands
köyhä merenneito on täytynyt kuristaa käsistä
to her this seemed the most shocking of all
hänestä tämä tuntui kaikista järkyttävimmältä

finally, she came to a space of marshy ground in the woods
lopulta hän saapui metsässä olevalle soiselle maalle
here there were large fat water snakes rolling in the mire
täällä suossa kierteli suuria rasvavesikäärmeitä
the snakes showed their ugly, drab-colored bodies
käärmeet näyttivät rumia, harmaita vartalojaan

In the midst of this spot stood a house
Tämän paikan keskellä seisoi talo
the house was built of the bones of shipwrecked human beings
talo rakennettiin haaksirikkoutuneiden ihmisten luista
and in the house sat the sea witch
ja talossa istui merinoita
she was allowing a toad to eat from her mouth
hän antoi rupikonnan syödä suustaan
just like when people feed a canary with pieces of sugar
aivan kuten silloin, kun ihmiset ruokkivat kanarialintua sokeripaloilla
She called the ugly water snakes her little chickens
Hän kutsui rumia vesikäärmeitä pieniksi kanoiksi
and she allowed her little chickens to crawl all over her
ja hän antoi pienten kanojen ryömiä ympäriinsä

"I know what you want," said the sea witch
"Tiedän mitä haluat", sanoi merinota
"It is very stupid of you to want such a thing"
"On todella typerää sinusta, että haluat sellaista"
"but you shall have your way, however stupid it is"
"mutta sinulla on oma tapasi, olipa se kuinka tyhmä tahansa"
"though your wish will bring you to sorrow, my pretty princess"
"Vaikka toiveesi tuo sinut suruun, kaunis prinsessani"
"You want to get rid of your mermaid's tail"
"Haluat päästä eroon merenneitosi pyrstöstä"
"and you want to have two stumps instead"
"ja haluat sen sijaan kaksi kantoa"
"this will make you like the human beings on earth"
"tämä tekee sinusta ihmisten kaltaisia maan päällä"
"and then the young prince might fall in love with you"
"ja sitten nuori prinssi saattaa rakastua sinuun"
"and then you might have an immortal soul"
"ja sitten sinulla voi olla kuolematon sielu"

the witch laughed loud and disgustingly
noita nauroi äänekkäästi ja vastenmielisesti
the toad and the snakes fell to the ground
rupikonna ja käärmeet putosivat maahan
and they lay there wriggling on the floor
ja he makasivat siellä vääntelee lattialla
"You came to me just in time," said the witch
"Tulit luokseni juuri ajoissa", sanoi noita
"after sunrise tomorrow it would have been too late"
"huomisen auringonnousun jälkeen olisi ollut liian myöhäistä"
"after tomorrow I would not have been able to help you till the end of another year"
"huomisen jälkeen en olisi voinut auttaa sinua ennen toisen vuoden loppua"
"I will prepare a potion for you"
"Valmistan sinulle juoman"
"swim up to the land tomorrow, before sunrise"
"Ui maahan huomenna, ennen auringonnousua"
"seat yourself there and drink the potion"
"Istu sinne ja juo juoma"
"after you drink the potion your tail will disappear"
"Kun juot juoman, hännän katoaa"
"and then you will have what men call legs"
"ja sitten sinulla on se, mitä miehet kutsuvat jaloiksi"

"all will say you are the prettiest girl in the world"
"Kaikki sanovat, että olet maailman kaunein tyttö"
"but for this you will have to endure great pain"
"mutta tätä varten sinun on kestettävä suurta tuskaa"
"it will be as if a sword were passing through you"
"on kuin miekka kulkisi sinun läpi"
"You will still have the same gracefulness of movement"
"Sinulla on edelleen sama liikkeen siro"
"it will be as if you are floating over the ground"
"Se on kuin kelluisit maan päällä"
"and no dancer will ever tread as lightly as you"

"eikä yksikään tanssija koskaan astu niin kevyesti kuin sinä"
"but every step you take will cause you great pain"
"mutta jokainen ottamasi askel aiheuttaa sinulle suurta tuskaa"
"it will be as if you were treading upon sharp knives"
"on kuin polkaisit teräviä veitsiä"
"If you bear all this suffering, I will help you"
"Jos sinä kestät kaiken tämän kärsimyksen, autan sinua"
the little mermaid thought of the prince
pieni merenneito ajatteli prinssiä
and she thought of the happiness of an immortal soul
ja hän ajatteli kuolemattoman sielun onnea
"Yes, I will," said the little princess
"Kyllä aion", sanoi pikku prinsessa
but, as you can imagine, her voice trembled with fear
mutta, kuten voit kuvitella, hänen äänensä vapisi pelosta

"do not rush into this," said the witch
"älä kiirehdi tähän", sanoi noita
"once you are shaped like a human, you can never return"
"Kun sinut on muotoiltu ihmiseksi, et voi koskaan palata takaisin"
"and you will never again take the form of a mermaid"
"etkä koskaan enää ota merenneidon muotoa"
"You will never return through the water to your sisters"
"Et koskaan palaa veden kautta sisariesi luo"
"nor will you ever go to your father's palace again"
"etkä koskaan enää mene isäsi palatsiin"
"you will have to win the love of the prince"
"sinun täytyy voittaa prinssin rakkaus"
"he must be willing to forget his father and mother for you"
"hänen täytyy olla valmis unohtamaan isänsä ja äitinsä puolestasi"
"and he must love you with all of his soul"
"ja hänen täytyy rakastaa sinua koko sielustaan"
"the priest must join your hands together"
"papin täytyy yhdistää kätenne"

"and he must make you man and wife in holy matrimony"
"ja hänen on tehtävä teistä mies ja vaimo pyhässä avioliitossa"
"only then will you have an immortal soul"
"vain silloin sinulla on kuolematon sielu"
"but you must never allow him to marry another woman"
"mutta et saa koskaan antaa hänen mennä naimisiin toisen naisen kanssa"
"the morning after he marries another woman, your heart will break"
"Seuraavana aamuna, kun hän menee naimisiin toisen naisen kanssa, sydämesi särkyy"
"and you will become foam on the crest of the waves"
"ja sinusta tulee vaahto aaltojen harjalla"
the little mermaid became as pale as death
Pieni merenneito tuli kalpeaksi kuin kuolema
"I will do it," said the little mermaid
"Minä teen sen", sanoi pieni merenneito

"But I must be paid, also," said the witch
"Mutta minulle on myös maksettava", sanoi noita
"and it is not a trifle that I ask for"
"ja se ei ole pieni asia, jota pyydän"
"You have the sweetest voice of any who dwell here"
"Sinulla on suloisin ääni kaikista täällä asuvista"
"you believe that you can charm the prince with your voice"
"uskot pystyväsi hurmaamaan prinssin äänelläsi"
"But your beautiful voice you must give to me"
"Mutta sinun on annettava minulle kaunis äänesi"
"The best thing you possess is the price of my potion"
"Paras mitä sinulla on, on taikani hinta"
"the potion must be mixed with my own blood"
"juoma on sekoitettava omaan vereeni"
"only this mixture makes the potion as sharp as a two-edged sword"
"vain tämä seos tekee juomasta niin terävän kuin kaksiteräinen miekka"

the little mermaid tried to object to the cost
pieni merenneito yritti vastustaa kustannuksia
"But if you take away my voice..." said the little mermaid
"Mutta jos otat ääneni pois..." sanoi pieni merenneito
"if you take away my voice, what is left for me?"
"Jos otat ääneni pois, mitä minulle jää?"
"Your beautiful form," suggested the sea witch
"Kaunis muotosi", ehdotti merinoita
"your graceful walk, and your expressive eyes"
"siloinen kävelysi ja ilmeikkäät silmäsi"
"Surely, with these things you can enchain a man's heart?"
"Varmasti näillä asioilla voit kahlita miehen sydämen?"
"Well, have you lost your courage?" the sea witch asked
"No, oletko menettänyt rohkeutesi?" meren noita kysyi
"Put out your little tongue, so that I can cut it off"
"Ojenna pieni kielesi, jotta voin katkaista sen"
"then you shall have the powerful potion"
"Sitten saat voimakkaan juoman"
"It shall be," said the little mermaid
"Se tulee olemaan", sanoi pieni merenneito

Then the witch placed her cauldron on the fire
Sitten noita laittoi patansa tuleen
"Cleanliness is a good thing," said the sea witch
"Puhtaus on hyvä asia", sanoi merinota
she scoured the vessels for the right snake
hän selvitti astioista oikean käärmeen
all the snakes had been tied together in a large knot
kaikki käärmeet oli sidottu yhteen suureen solmuun
Then she pricked herself in the breast
Sitten hän pisti itseään rintaan
and she let the black blood drop into the caldron
ja hän antoi mustan veren pudota kattilaan
The steam that rose twisted itself into horrible shapes
Nousu höyry väänsi itsensä hirvittäviksi muodoiksi
no person could look at the shapes without fear

kukaan ei voinut katsoa muotoja ilman pelkoa
Every moment the witch threw new ingredients into the vessel
Joka hetki noita heitti uusia aineksia astiaan
finally, with everything inside, the caldron began to boil
lopulta, kun kaikki oli sisällä, kattila alkoi kiehua
there was the sound like the weeping of a crocodile
kuului krokotiilin itkua
and at last the magic potion was ready
ja vihdoin taikajuoma oli valmis
despite its ingredients, the potion looked like the clearest water
ainesosistaan huolimatta juoma näytti kirkkaimmalta vedeltä
"There it is, all for you," said the witch
"Siinä se on, kaikki sinulle", sanoi noita
and then she cut off the little mermaid's tongue
ja sitten hän katkaisi pienen merenneidon kielen
so that the little mermaid could never again speak, nor sing again
jotta pieni merenneito ei voisi enää koskaan puhua eikä laulaa
"the polypi might try and grab you on the way out"
"polypi saattaa yrittää napata sinut matkalla ulos"
"if they try, throw over them a few drops of the potion"
"Jos he yrittävät, heitä muutama tippa juomaa heidän päälleen"
"and their fingers will be torn into a thousand pieces"
"ja heidän sormensa revitään tuhansiksi palasiksi"
But the little mermaid had no need to do this
Mutta pienen merenneidon ei tarvinnut tehdä tätä
the polypi sprang back in terror when they saw her
polypi hyppäsi takaisin kauhuissaan, kun he näkivät hänet
they saw she had lost her tongue to the sea witch
he näkivät, että hän oli menettänyt kielensä merinidalle
and they saw she was carrying the potion
ja he näkivät hänen kantavan juomaa
the potion shone in her hand like a twinkling star

juoma loisti hänen kädessään kuin tuikkiva tähti

So she passed quickly through the wood and the marsh
Joten hän kulki nopeasti metsän ja suon läpi
and she passed between the rushing whirlpools
ja hän kulki kiirehtivien porealtaiden välillä
soon she made her way back to the palace of her father
pian hän palasi isänsä palatsiin
all the torches in the ballroom were extinguished
kaikki juhlasalin soihdut sammuivat
all within the palace must now be asleep
kaikkien palatsissa olevien täytyy nyt nukkua
But she did not go inside to see them
Mutta hän ei mennyt sisään katsomaan heitä
she knew she was going to leave them forever
hän tiesi jättävänsä heidät ikuisesti
and she knew her heart would break if she saw them
ja hän tiesi, että hänen sydämensä särkyisi, jos hän näkisi heidät
she went into the garden one last time
hän meni puutarhaan viimeisen kerran
and she took a flower from each one of her sisters
ja hän otti kukkan jokaiselta siskostaan
and then she rose up through the dark-blue waters
ja sitten hän nousi ylös tummansinisten vesien läpi

The Little Mermaid Meets the Prince
Pieni merenneito kohtaa prinssin

the little mermaid arrived at the prince's palace
pieni merenneito saapui prinssin palatsiin
the sun had not yet risen from the sea
aurinko ei ollut vielä noussut merestä
and the moon shone clear and bright in the night
ja kuu paistoi kirkkaana ja kirkkaana yössä
the little mermaid sat at the beautiful marble steps
pieni merenneito istui kauniilla marmoriportailla
and then the little mermaid drank the magic potion
ja sitten pieni merenneito joi taikajuoman
she felt the cut of a two-edged sword cut through her
hän tunsi kaksiteräisen miekan leikkaavan häntä läpi
and she fell into a swoon, and lay like one dead
ja hän pyörtyi ja makasi kuin kuollut
the sun rose from the sea and shone over the land
aurinko nousi merestä ja paistoi maan yli
she recovered and felt the pain from the cut
hän toipui ja tunsi viillosta johtuvan kivun
but before her stood the handsome young prince
mutta hänen edessään seisoi komea nuori prinssi

He fixed his coal-black eyes upon the little mermaid
Hän kiinnitti hiilenmustat silmänsä pieneen merenneitoon
he looked so earnestly that she cast down her eyes
hän katsoi niin vakavasti, että hän laski silmänsä
and then she became aware that her fish's tail was gone
ja sitten hän huomasi, että hänen kalan häntänsä oli poissa
she saw that she had the prettiest pair of white legs
hän näki, että hänellä oli kaunein valkoiset jalat
and she had tiny feet, as any little maiden would have
ja hänellä oli pienet jalat, kuten kenellä tahansa pienellä neidolla olisi
But, having come from the sea, she had no clothes

Mutta kun hän tuli merestä, hänellä ei ollut vaatteita
so she wrapped herself in her long, thick hair
joten hän kietoutui pitkiin, paksuihin hiuksiinsa
The prince asked her who she was and whence she came
Prinssi kysyi häneltä, kuka hän oli ja mistä hän tuli
She looked at him mildly and sorrowfully
Hän katsoi häntä lempeästi ja surullisesti
but she had to answer with her deep blue eyes
mutta hänen täytyi vastata syvän sinisillä silmillään
because the little mermaid could not speak anymore
koska pieni merenneito ei voinut enää puhua
He took her by the hand and led her to the palace
Hän otti hänet kädestä ja vei hänet palatsiin

Every step she took was as the witch had said it would be
Jokainen hänen askeleensa oli niin kuin noita oli sanonut sen olevan
she felt as if she were treading upon sharp knives
hänestä tuntui kuin olisi polkenut teräviä veitsiä
She bore the pain of her wish willingly, however
Hän kantoi toiveensa tuskan kuitenkin mielellään
and she moved at the prince's side as lightly as a bubble
ja hän liikkui prinssin kyljessä kevyesti kuin kupla
all who saw her wondered at her graceful, swaying movements
kaikki, jotka näkivät hänet, ihmettelivät hänen siroja, huojuvia liikkeitä
She was very soon arrayed in costly robes of silk and muslin
Hyvin pian hän pukeutui kalliisiin silkki- ja musliinivaatteisiin
and she was the most beautiful creature in the palace
ja hän oli palatsin kaunein olento
but she appeared dumb, and could neither speak nor sing
mutta hän vaikutti tyhmältä eikä osannut puhua eikä laulaa

there were beautiful female slaves, dressed in silk and gold
siellä oli kauniita naisorjia, pukeutuneita silkkiin ja kultaan
they stepped forward and sang in front of the royal family
he astuivat eteenpäin ja lauloivat kuninkaallisen perheen edessä
each slave could sing better than the next one
jokainen orja voisi laulaa paremmin kuin seuraava
and the prince clapped his hands and smiled at her
ja prinssi taputti käsiään ja hymyili hänelle
This was a great sorrow to the little mermaid
Tämä oli suuri suru pienelle merenneidolle
she knew how much more sweetly she was able to sing
hän tiesi, kuinka paljon suloisemmin hän pystyi laulamaan
"if only he knew I have given away my voice to be with him!"
"jospa hän tietäisi, että olen luovuttanut ääneni ollakseni hänen kanssaan!"

there was music being played by an orchestra
musiikkia soi orkesteri
and the slaves performed some pretty, fairy-like dances
ja orjat esittivät kauniita, keijumaisia tansseja
Then the little mermaid raised her lovely white arms
Sitten pieni merenneito kohotti ihanat valkoiset kätensä
she stood on the tips of her toes like a ballerina
hän seisoi varpaiden päällä kuin balerina
and she glided over the floor like a bird over water
ja hän liukui lattialla kuin lintu veden päällä
and she danced as no one yet had been able to dance
ja hän tanssi niin kuin kukaan ei ollut vielä kyennyt tanssimaan
At each moment her beauty was more revealed
Joka hetki hänen kauneutensa paljastui enemmän
most appealing of all, to the heart, were her expressive eyes
Kaikkein miellyttävin kaikista sydämestä olivat hänen ilmeikkäät silmänsä

Everyone was enchanted by her, especially the prince
Kaikki olivat hänestä ihastuneita, varsinkin prinssi
the prince called her his deaf little foundling
prinssi kutsui häntä kuuroksi löytölapsekseen
and she happily continued to dance, to please the prince
ja hän jatkoi iloisesti tanssimista miellyttääkseen prinssiä
but we must remember the pain she endured for his pleasure
mutta meidän täytyy muistaa tuska, jonka hän kesti hänen ilokseen
every step on the floor felt as if she trod on sharp knives
jokainen askel lattialla tuntui kuin hän tallaisi teräviä veitsiä

The prince said she should remain with him always
Prinssi sanoi, että hänen pitäisi pysyä hänen kanssaan aina
and she was given permission to sleep at his door
ja hänelle annettiin lupa nukkua hänen ovella
they brought a velvet cushion for her to lie on
he toivat hänelle samettityynyn makaamaan
and the prince had a page's dress made for her
ja prinssi teki hänelle sivumekon
this way she could accompany him on horseback
näin hän saattoi seurata häntä hevosen selässä
They rode together through the sweet-scented woods
He ratsastivat yhdessä makean tuoksuisen metsän läpi
in the woods the green branches touched their shoulders
metsässä vihreät oksat koskettivat heidän olkapäitään
and the little birds sang among the fresh leaves
ja linnut lauloivat tuoreiden lehtien keskellä
She climbed with him to the tops of high mountains
Hän kiipesi hänen kanssaan korkeiden vuorten huipulle
and although her tender feet bled, she only smiled
ja vaikka hänen herkät jalkansa vuotivat verta, hän vain hymyili
she followed him till the clouds were beneath them
hän seurasi häntä, kunnes pilvet olivat niiden alla

like a flock of birds flying to distant lands
kuin lintuparvi, joka lensi kaukaisiin maihin

when all were asleep she sat on the broad marble steps
kun kaikki olivat nukkumassa, hän istui leveillä marmoriportailla
it eased her burning feet to bathe them in the cold water
se helpotti hänen palavia jalkojaan kylpeä ne kylmässä vedessä
It was then that she thought of all those in the sea
Silloin hän ajatteli kaikkia meressä olevia
Once, during the night, her sisters came up, arm in arm
Kerran yön aikana hänen sisarensa tulivat käsivarressa
they sang sorrowfully as they floated on the water
he lauloivat surullisesti kelluessaan veden päällä
She beckoned to them, and they recognized her
Hän viittasi heille, ja he tunnistivat hänet
they told her how they had grieved their youngest sister
he kertoivat hänelle kuinka he olivat surettaneet nuorinta sisartaan
after that, they came to the same place every night
sen jälkeen he tulivat samaan paikkaan joka ilta
Once she saw in the distance her old grandmother
Kerran hän näki kaukaa vanhan isoäitinsä
she had not been to the surface of the sea for many years
hän ei ollut käynyt meren pinnalla moneen vuoteen
and the old Sea King, her father, with his crown on his head
ja vanha Merikuningas, hänen isänsä, kruunu päässään
he too came to where she could see him
hänkin tuli sinne, missä hän näki hänet
They stretched out their hands towards her
He ojensivat kätensä häntä kohti
but they did not venture as near the land as her sisters
mutta he eivät uskaltaneet niin lähelle maata kuin hänen sisarensa

As the days passed she loved the prince more dearly
Päivien kuluessa hän rakasti prinssiä enemmän
and he loved her as one would love a little child
ja hän rakasti häntä niin kuin pientä lasta
The thought never came to him to make her his wife
Hänelle ei koskaan tullut ajatus tehdä hänestä vaimonsa
but, unless he married her, her wish would never come true
mutta ellei hän nai hänen kanssaan, hänen toiveensa ei koskaan toteutuisi
unless he married her she could not receive an immortal soul
ellei hän nai hänen kanssaan, hän ei voinut saada kuolematonta sielua
and if he married another her dreams would shatter
ja jos hän menisi naimisiin toisen kanssa, hänen unelmansa romahtaisivat
on the morning after his marriage she would dissolve
avioliittonsa jälkeisenä aamuna hän hajosi
and the little mermaid would become the foam of the sea
ja pienestä merenneidosta tulisi meren vaahto

the prince took the little mermaid in his arms
prinssi otti pienen merenneidon syliinsä
and he kissed her on her forehead
ja hän suuteli häntä hänen otsalleen
with her eyes she tried to ask him
silmillään hän yritti kysyä häneltä
"Do you not love me the most of them all?"
"Etkö rakasta minua kaikista eniten?"
"Yes, you are dear to me," said the prince
"Kyllä, olet minulle rakas", sanoi prinssi
"because you have the best heart"
"koska sinulla on paras sydän"
"and you are the most devoted to me"
"ja olet omistautunein minulle"
"You are like a young maiden whom I once saw"
"Olet kuin nuori neito, jonka näin kerran"

"**but I shall never meet this young maiden again**"
"mutta en enää koskaan tapaa tätä nuorta tyttöä"
"**I was in a ship that was wrecked**"
"Olin haaksirikkoutuneessa laivassa"
"**and the waves cast me ashore near a holy temple**"
"ja aallot heittivät minut maihin lähellä pyhää temppeliä"
"**at the temple several young maidens performed the service**"
"temppelissä useat nuoret neitsyt suorittivat palveluksen"
"**The youngest maiden found me on the shore**"
"Nuorin neito löysi minut rannalta"
"**and the youngest of the maidens saved my life**"
"ja nuorin tytöistä pelasti henkeni"
"**I saw her but twice,**" he explained
"Näin hänet vain kahdesti", hän selitti
"**and she is the only one in the world whom I could love**"
"ja hän on ainoa maailmassa, jota voin rakastaa"
"**But you are like her,**" he reassured the little mermaid
"Mutta sinä olet hänen kaltainensa", hän rauhoitti pientä merenneitoa
"**and you have almost driven her image from my mind**"
"ja olet melkein ajanut hänen kuvansa pois mielestäni"
"**She belongs to the holy temple**"
"Hän kuuluu pyhään temppeliin"
"**good fortune has sent you instead of her to me**"
"onni on lähettänyt sinut hänen sijaansa minulle"
"**We will never part,**" he comforted the little mermaid
"Emme koskaan eroa", hän lohdutti pientä merenneitoa

but the little mermaid could not help but sigh
mutta pieni merenneito ei voinut muuta kuin huokaista
"**he knows not that it was I who saved his life**"
"hän ei tiedä, että minä pelastin hänen henkensä"
"**I carried him over the sea to where the temple stands**"
"Katoin hänet meren yli sinne, missä temppeli seisoo"
"**I sat beneath the foam till the human came to help him**"
"Istuin vaahdon alla, kunnes ihminen tuli auttamaan häntä"

"I saw the pretty maiden that he loves"
"Näin sen kauniin neiton, jota hän rakastaa"
"the pretty maiden that he loves more than me"
"kaunis neito jota hän rakastaa enemmän kuin minua"
The mermaid sighed deeply, but she could not weep
Merenneito huokaisi syvään, mutta hän ei voinut itkeä
"He says the maiden belongs to the holy temple"
"Hän sanoo, että neito kuuluu pyhään temppeliin"
"therefore she will never return to the world"
"Siksi hän ei koskaan palaa maailmaan"
"they will meet no more," the little mermaid hoped
"he eivät tapaa enää", pieni merenneito toivoi
"I am by his side and see him every day"
"Olen hänen rinnallaan ja näen hänet joka päivä"
"I will take care of him, and love him"
"Pidän hänestä huolta ja rakastan häntä"
"and I will give up my life for his sake"
"ja minä luovutan henkeni hänen tähtensä"

The Day of the Wedding
Hääpäivä

Very soon it was said that the prince was going to marry
Hyvin pian sanottiin, että prinssi oli menossa naimisiin
there was the beautiful daughter of a neighbouring king
siellä oli naapurikuninkaan kaunis tytär
it was said that she would be his wife
sanottiin, että hänestä tulisi hänen vaimonsa
for the occasion a fine ship was being fitted out
tätä tilaisuutta varten varustettiin hieno laiva
the prince said he intended only to visit the king
prinssi sanoi aikovansa vierailla kuninkaan luona
they thought he was only going so as to meet the princess
he luulivat, että hän oli menossa vain tavatakseen prinsessan
The little mermaid smiled and shook her head
Pieni merenneito hymyili ja pudisti päätään
She knew the prince's thoughts better than the others
Hän tiesi prinssin ajatukset paremmin kuin muut

"I must travel," he had said to her
"Minun täytyy matkustaa", hän oli sanonut hänelle
"I must see this beautiful princess"
"Minun täytyy nähdä tämä kaunis prinsessa"
"My parents want me to go and see her"
"Vanhempani haluavat minun menevän katsomaan häntä"
"but they will not oblige me to bring her home as my bride"
"mutta he eivät pakota minua tuomaan häntä kotiin morsiameni"
"you know that I cannot love her"
"Tiedät, etten voi rakastaa häntä"
"because she is not like the beautiful maiden in the temple"
"koska hän ei ole kuin kaunis neito temppelissä"
"the beautiful maiden whom you resemble"
"kaunis neito jota muistutat"
"If I were forced to choose a bride, I would choose you"

"Jos minut pakotettaisiin valitsemaan morsian, valitsisin sinut"
"my deaf foundling, with those expressive eyes"
"kuuro löytöpoikani noilla ilmeikkäillä silmillä"
Then he kissed her rosy mouth
Sitten hän suuteli hänen ruusuista suutaan
and he played with her long, waving hair
ja hän leikki hänen pitkillä, heiluvilla hiuksilla
and he laid his head on her heart
ja hän laski päänsä hänen sydämelleen
she dreamed of human happiness and an immortal soul
hän unelmoi ihmisen onnellisuudesta ja kuolemattomasta sielusta

they stood on the deck of the noble ship
he seisoivat jalon laivan kannella
"You are not afraid of the sea, are you?" he said
"Etkö pelkää merta?" hän sanoi
the ship was to carry them to the neighbouring country
aluksen oli määrä kuljettaa ne naapurimaahan
Then he told her of storms and of calms
Sitten hän kertoi hänelle myrskyistä ja tyyneistä
he told her of strange fishes deep beneath the water
hän kertoi hänelle omituisista kaloista syvällä veden alla
and he told her of what the divers had seen there
ja hän kertoi hänelle, mitä sukeltajat olivat nähneet siellä
She smiled at his descriptions, slightly amused
Hän hymyili hänen kuvauksilleen hieman huvittuneena
she knew better what wonders were at the bottom of the sea
hän tiesi paremmin, mitä ihmeitä meren pohjassa oli

the little mermaid sat on the deck at moonlight
pieni merenneito istui kannella kuunvalossa
all on board were asleep, except the man at the helm
kaikki kyydissä olleet nukkuivat paitsi ruorissa oleva mies
and she gazed down through the clear water
ja hän katsoi alas kirkkaan veden läpi

She thought she could distinguish her father's castle
Hän luuli pystyvänsä erottamaan isänsä linnan
and in the castle she could see her aged grandmother
ja linnassa hän saattoi nähdä iäkkään isoäitinsä
Then her sisters came out of the waves
Sitten hänen sisarensa tulivat ulos aalloista
and they gazed at their sister mournfully
ja he katsoivat sisartaan surullisesti
She beckoned to her sisters, and smiled
Hän viittasi siskoilleen ja hymyili
she wanted to tell them how happy and well off she was
hän halusi kertoa heille, kuinka onnellinen ja hyvässä kunnossa hän oli
But the cabin boy approached and her sisters dived down
Mutta mökkipoika lähestyi ja hänen sisarensa sukelsivat alas
he thought what he saw was the foam of the sea
hän luuli näkemänsä meren vaahtoa

The next morning the ship got into the harbour
Seuraavana aamuna laiva saapui satamaan
they had arrived in a beautiful coastal town
he olivat saapuneet kauniiseen rannikkokaupunkiin
on their arrival they were greeted by church bells
saapuessaan heitä tervehtivät kirkonkellot
and from the high towers sounded a flourish of trumpets
ja korkeista torneista kuului trumpettien kukoistus
soldiers lined the roads through which they passed
sotilaat reunustivat teitä, joita pitkin he kulkivat
Soldiers, with flying colors and glittering bayonets
Sotilaita, kirkkain värein ja kimaltelevilla pistimillä
Every day that they were there there was a festival
Joka päivä, kun he olivat siellä, oli festivaali
balls and entertainments were organised for the event
tapahtumaa varten järjestettiin palloja ja viihdettä
But the princess had not yet made her appearance
Mutta prinsessa ei ollut vielä ilmestynyt

she had been brought up and educated in a religious house
hän oli kasvatettu ja koulutettu uskonnollisessa talossa
she was learning every royal virtue of a princess
hän opetteli kaikkia prinsessan kuninkaallisia hyveitä

At last, the princess made her royal appearance
Lopulta prinsessa esiintyi kuninkaallisesti
The little mermaid was anxious to see her
Pieni merenneito halusi nähdä hänet
she had to know whether she really was beautiful
hänen täytyi tietää, oliko hän todella kaunis
and she was obliged to admit she really was beautiful
ja hänen oli pakko myöntää olevansa todella kaunis
she had never seen a more perfect vision of beauty
hän ei ollut koskaan nähnyt täydellisempää näkemystä kauneudesta
Her skin was delicately fair
Hänen ihonsa oli hellävarainen
and her laughing blue eyes shone with truth and purity
ja hänen nauravat siniset silmänsä loistivat totuudesta ja puhtaudesta
"It was you," said the prince
"Se olit sinä", sanoi prinssi
"you saved my life when I lay as if dead on the beach"
"pelastit henkeni, kun makasin kuin kuolleena rannalla"
"and he held his blushing bride in his arms"
"ja hän piti punastunutta morsiameaan sylissään"

"Oh, I am too happy!" said he to the little mermaid
"Voi, olen liian onnellinen!" sanoi hän pienelle merenneidolle
"my fondest hopes are now fulfilled"
"Parhaat toiveeni ovat nyt täyttyneet"
"You will rejoice at my happiness"
"Sinä tulet iloitsemaan onnestani"
"because your devotion to me is great and sincere"
"koska omistautumisesi minulle on suurta ja vilpitöntä"

The little mermaid kissed the prince's hand
Pieni merenneito suuteli prinssin kättä
and she felt as if her heart were already broken
ja hänestä tuntui kuin hänen sydämensä olisi jo särkynyt
the morning of his wedding was going to bring death to her
hänen hääpäivänsä oli tuomassa hänelle kuoleman
she knew she was to become the foam of the sea
hän tiesi, että hänestä tulee meren vaahto

the sound of the church bells rang through the town
kirkonkellojen ääni soi kaupungin läpi
the heralds rode through the town proclaiming the betrothal
saarnaajat ratsastivat kaupungin halki julistaen kihlauksen
Perfumed oil was burned in silver lamps on every altar
Tuoksuöljyä poltettiin hopealampuissa jokaisella alttarilla
The priests waved the censers over the couple
Papit heiluttelivat suitsutusastiaa parin yli
and the bride and the bridegroom joined their hands
ja morsian ja ylkä liittivät kätensä
and they received the blessing of the bishop
ja he saivat piispan siunauksen
The little mermaid was dressed in silk and gold
Pieni merenneito oli pukeutunut silkkiin ja kultaan
she held up the bride's dress, in great pain
hän piti ylös morsiamen mekkoa suuressa tuskassa
but her ears heard nothing of the festive music
mutta hänen korvansa eivät kuulleet mitään juhlamusiikista
and her eyes saw not the holy ceremony
ja hänen silmänsä eivät nähneet pyhää seremoniaa
She thought of the night of death coming to her
Hän ajatteli kuoleman yön koittavan häntä
and she mourned for all she had lost in the world
ja hän suri kaikkea mitä hän oli menettänyt maailmassa

that evening the bride and bridegroom boarded the ship
sinä iltana morsian ja sulhanen nousivat laivaan

the ship's cannons were roaring to celebrate the event
laivan tykit pauhuivat tapahtuman kunniaksi
and all the flags of the kingdom were waving
ja kaikki valtakunnan liput heiluttivat
in the centre of the ship a tent had been erected
laivan keskelle oli pystytetty teltta
in the tent were the sleeping couches for the newlyweds
teltassa olivat nuorten makuusohvat
the winds were favourable for navigating the calm sea
tuulet olivat suotuisat navigoida tyynellä merellä
and the ship glided as smoothly as the birds of the sky
ja laiva liukui tasaisesti kuin taivaan linnut

When it grew dark, a number of colored lamps were lighted
Kun tuli pimeä, sytytettiin useita värillisiä lamppuja
the sailors and royal family danced merrily on the deck
merimiehet ja kuninkaallinen perhe tanssivat iloisesti kannella
The little mermaid could not help thinking of her birthday
Pieni merenneito ei voinut olla ajattelematta syntymäpäiväänsä
the day that she rose out of the sea for the first time
päivänä, jolloin hän nousi merestä ensimmäistä kertaa
similar joyful festivities were celebrated on that day
samanlaisia iloisia juhlia vietettiin sinä päivänä
she thought about the wonder and hope she felt that day
hän ajatteli ihmettä ja toivoa, jonka hän tunsi sinä päivänä
with those pleasant memories, she too joined in the dance
noilla mukavilla muistoilla hänkin liittyi tanssiin
on her paining feet, she poised herself in the air
kipeillä jaloillaan hän asettui ilmaan
the way a swallow poises itself when in pursued of prey
tapa, jolla pääskynen tasapainoilee, kun häntä tavoitetaan saalista
the sailors and the servants cheered her wonderingly
merimiehet ja palvelijat hurrasivat häntä ihmeissään
She had never danced so gracefully before

Hän ei ollut koskaan ennen tanssinut näin sulavasti
Her tender feet felt as if cut with sharp knives
Hänen herkät jalkansa tuntuivat leikatuilta terävillä veitsillä
but she cared little for the pain of her feet
mutta hän ei välittänyt juurikaan jalkakivusta
there was a much sharper pain piercing her heart
hänen sydämensä lävisti paljon terävämpää kipua

She knew this was the last evening she would ever see him
Hän tiesi, että tämä oli viimeinen ilta, jonka hän koskaan näkisi
the prince for whom she had forsaken her kindred and home
prinssi, jonka vuoksi hän oli hylännyt sukulaisensa ja kotinsa
She had given up her beautiful voice for him
Hän oli luopunut kauniista äänestään hänen puolestaan
and every day she had suffered unheard-of pain for him
ja joka päivä hän oli kärsinyt ennenkuulumattomasta tuskasta hänen puolestaan
she suffered all this, while he knew nothing of her pain
hän kärsi kaiken tämän, vaikka hän ei tiennyt mitään hänen tuskastaan
it was the last evening she would breath the same air as him
se oli viimeinen ilta, kun hän hengitti samaa ilmaa kuin hän
it was the last evening she would gaze on the same starry sky
se oli viimeinen ilta, jolloin hän katseli samaa tähtitaivasta
it was the last evening she would gaze into the deep sea
se oli viimeinen ilta, jolloin hän katsoi syvään mereen
it was the last evening she would gaze into the eternal night
se oli viimeinen ilta, jolloin hän katsoi ikuiseen yöhön
an eternal night without thoughts or dreams awaited her
häntä odotti ikuinen yö ilman ajatuksia tai unia
She was born without a soul, and now she could never win one
Hän syntyi ilman sielua, ja nyt hän ei voinut koskaan voittaa sitä

All was joy and gaiety on the ship until long after midnight
Kaikki oli iloa ja riemua laivalla pitkälle puolenyön jälkeen
She smiled and danced with the others on the royal ship
Hän hymyili ja tanssi muiden kanssa kuninkaallisella laivalla
but she danced while the thought of death was in her heart
mutta hän tanssi, kun ajatus kuolemasta oli hänen sydämessään
she had to watch the prince dance with the princess
hänen piti katsoa prinssin tanssivan prinsessan kanssa
she had to watch when the prince kissed his beautiful bride
hänen täytyi katsoa, kun prinssi suuteli kaunista morsiameaan
she had to watch her play with the prince's raven hair
hänen täytyi katsoa hänen leikkiään prinssin korpin hiuksilla
and she had to watch them enter the tent, arm in arm
ja hänen täytyi katsoa heidän astuvan telttaan käsi kädessä

After the Wedding
Häiden jälkeen

After they had gone all became still on board the ship
Kun he olivat menneet, kaikki pysyivät paikallaan laivalla
only the pilot, who stood at the helm, was still awake
vain ohjaaja, joka seisoi ruorissa, oli vielä hereillä
The little mermaid leaned on the edge of the vessel
Pieni merenneito nojasi aluksen reunaan
she looked towards the east for the first blush of morning
hän katsoi itään aamun ensimmäiselle punastukselle
the first ray of the dawn, which was to be her death
aamunkoiton ensimmäinen säde, jonka piti olla hänen kuolemansa
from far away she saw her sisters rising out of the sea
kaukaa hän näki sisarensa nousevan merestä
They were as pale with fear as she was
He olivat yhtä kalpeat pelosta kuin hänkin
but their beautiful hair no longer waved in the wind
mutta heidän kauniit hiuksensa eivät enää heiluneet tuulessa
"We have given our hair to the witch," said they
"Olemme antaneet hiuksemme noidalle", he sanoivat
"so that you do not have to die tonight"
"jotta sinun ei tarvitse kuolla tänä yönä"
"for our hair we have obtained this knife"
"Huuksillemme olemme saaneet tämän veitsen"
"Before the sun rises you must use this knife"
"Ennen kuin aurinko nousee, sinun on käytettävä tätä veistä"
"you must plunge the knife into the heart of the prince"
"sinun täytyy upottaa veitsi prinssin sydämeen"
"the warm blood of the prince must fall upon your feet"
"Prinssin lämpimän veren täytyy pudota jaloillesi"
"and then your feet will grow together again"
"ja sitten jalkasi kasvavat taas yhteen"
"where you have legs you will have a fish's tail again"
"Missä sinulla on jalat, sinulla on taas kalan häntä"

"and where you were human you will once more be a mermaid"
"ja missä olit ihminen, sinusta tulee jälleen merenneito"
"then you can return to live with us, under the sea"
"Sitten voit palata asumaan meille, meren alle"
"and you will be given your three hundred years of a mermaid"
"ja sinulle annetaan kolmesataa vuotta merenneitoa"
"and only then will you be changed into the salty sea foam"
"ja vasta sitten muutut suolaiseksi merivaahdoksi"
"Haste, then; either he or you must die before sunrise"
"Kiire, joko hänen tai sinun täytyy kuolla ennen auringonnousua"
"our old grandmother mourns for you day and night"
"vanha isoäitimme suree sinua yötä päivää"
"her white hair is falling out"
"hänen valkoiset hiuksensa putoavat"
"just as our hair fell under the witch's scissors"
"ihan kuin hiuksemme putosivat noidan saksien alle"
"Kill the prince, and come back," they begged her
"Tapa prinssi ja tule takaisin", he pyysivät häntä
"Do you not see the first red streaks in the sky?"
"Etkö näe ensimmäisiä punaisia raitoja taivaalla?"
"In a few minutes the sun will rise, and you will die"
"Muutaman minuutin kuluttua aurinko nousee ja sinä kuolet"
having done their best, her sisters sighed deeply
Tehtyään parhaansa hänen sisarensa huokaisivat syvään
mournfully her sisters sank back beneath the waves
surullisesti hänen sisarensa vajosivat takaisin aaltojen alle
and the little mermaid was left with the knife in her hands
ja pieni merenneito jäi veitsi käsiinsä

she drew back the crimson curtain of the tent
hän veti teltan karmiininpunaisen verhon taakse
and in the tent she saw the beautiful bride
ja teltassa hän näki kauniin morsiamen

her face was resting on the prince's breast
hänen kasvonsa lepäävät prinssin rinnalla
and then the little mermaid looked at the sky
ja sitten pieni merenneito katsoi taivaalle
on the horizon the rosy dawn grew brighter and brighter
horisontissa ruusuinen aamunkoitto kirkastui ja kirkastui
She glanced at the sharp knife in her hands
Hän katsoi terävää veistä käsissään
and again she fixed her eyes on the prince
ja jälleen hän kiinnitti katseensa prinssiin
She bent down and kissed his noble brow
Hän kumartui ja suuteli hänen jaloa otsaansa
he whispered the name of his bride in his dreams
hän kuiskasi morsiamensa nimen unissaan
he was dreaming of the princess he had married
hän unelmoi prinsessasta, jonka kanssa oli naimisissa
the knife trembled in the hand of the little mermaid
veitsi tärisi pienen merenneidon kädessä
but she flung the knife far into the sea
mutta hän heitti veitsen kauas mereen

where the knife fell the water turned red
missä veitsi putosi, vesi muuttui punaiseksi
the drops that spurted up looked like blood
purskahtaneet pisarat näyttivät vereltä
She cast one last look upon the prince she loved
Hän heitti viimeisen katseen prinssiin, jota hän rakasti
the sun pierced the sky with its golden arrows
aurinko lävisti taivaan kultaisilla nuoleillaan
and she threw herself from the ship into the sea
ja hän heittäytyi laivasta mereen
the little mermaid felt her body dissolving into foam
pieni merenneito tunsi ruumiinsa liukenevan vaahdoksi
and all that rose to the surface were bubbles of air
ja kaikki, mikä nousi pintaan, oli ilmakuplia
the sun's warm rays fell upon the cold foam

auringon lämpimät säteet putosivat kylmälle vaahdolle
but she did not feel as if she were dying
mutta hän ei tuntenut kuolevansa
in a strange way she felt the warmth of the bright sun
oudolla tavalla hän tunsi kirkkaan auringon lämmön
she saw hundreds of beautiful transparent creatures
hän näki satoja kauniita läpinäkyviä olentoja
the creatures were floating all around her
olennot kelluivat hänen ympärillään
through the creatures she could see the white sails of the ships
olentojen läpi hän näki laivojen valkoiset purjeet
and between the sails of the ships she saw the red clouds in the sky
ja laivojen purjeiden välissä hän näki punaiset pilvet taivaalla
Their speech was melodious and childlike
Heidän puheensa oli melodista ja lapsellista
but their speech could not be heard by mortal ears
mutta kuolevaisten korvat eivät voineet kuulla heidän puhettaan
nor could their bodies be seen by mortal eyes
eikä heidän ruumiinsa voinut nähdä kuolevaisten silmät
The little mermaid perceived that she was like them
Pieni merenneito tajusi olevansa heidän kaltaisensa
and she felt that she was rising higher and higher
ja hän tunsi nousevansa yhä korkeammalle
"Where am I?" asked she, and her voice sounded ethereal
"Missä minä olen?" kysyi hän, ja hänen äänensä kuulosti eteeriseltä
there is no earthly music that could imitate her
ei ole maallista musiikkia, joka voisi jäljitellä häntä
"you are among the daughters of the air," answered one of them
"Sinä olet taivaan tyttärien joukossa", vastasi yksi heistä
"A mermaid has not an immortal soul"
"Merenneidolla ei ole kuolematonta sielua"

"nor can mermaids obtain immortal souls"
"eivätkä merenneidot voi saada kuolemattomia sieluja"
"unless she wins the love of a human being"
"ellei hän voita ihmisen rakkautta"
"on the will of another hangs her eternal destiny"
"Toisen tahdosta riippuu hänen ikuinen kohtalonsa"
"like you, we do not have immortal souls either"
"kuten sinä, meilläkään ei ole kuolemattomia sieluja"
"but we can obtain an immortal soul by our deeds"
"mutta me voimme saada teoillamme kuolemattoman sielun"
"We fly to warm countries and cool the sultry air"
"Lennämme lämpimiin maihin ja jäähdytämme suloista ilmaa"
"the heat that destroys mankind with pestilence"
"lämpö, joka tuhoaa ihmiskunnan rutolla"
"We carry the perfume of the flowers"
"Me kannamme kukkien tuoksua"
"and we spread health and restoration"
"ja levitämme terveyttä ja kuntoutusta"

"for three hundred years we travel the world like this"
"Kolmesataa vuotta matkustamme maailmaa näin"
"in that time we strive to do all the good in our power"
"Sinä aikana pyrimme tekemään kaiken hyvän, mikä meillä on"
"if we succeed we receive an immortal soul"
"jos onnistumme, saamme kuolemattoman sielun"
"and then we too take part in the happiness of mankind"
"ja sitten mekin osallistumme ihmiskunnan onnellisuuteen"
"You, poor little mermaid, have done your best"
"Sinä, köyhä pieni merenneito, olet tehnyt parhaasi"
"you have tried with your whole heart to do as we are doing"
"olet yrittänyt koko sydämestäsi tehdä niin kuin me teemme"
"You have suffered and endured an enormous pain"
"Olet kärsinyt ja kestänyt valtavan tuskan"
"by your good deeds you raised yourself to the spirit world"
"hyvillä teoillasi nostit itsesi henkimaailmaan"

"**and now you will live alongside us for three hundred years**"
"ja nyt elät rinnallamme kolmesataa vuotta"
"**by striving like us, you may obtain an immortal soul**"
"pyrkimällä kuten me, voit saada kuolemattoman sielun"
The little mermaid lifted her glorified eyes toward the sun
Pieni merenneito nosti kirkastetut silmänsä kohti aurinkoa
for the first time, she felt her eyes filling with tears
ensimmäistä kertaa hän tunsi silmänsä täyttyvän kyynelistä

On the ship she had left there was life and noise
Hänen jättämässään laivassa oli elämää ja melua
she saw the prince and his beautiful bride searching for her
hän näki prinssin ja hänen kauniin morsiamensa etsivän häntä
Sorrowfully, they gazed at the pearly foam
Surullisena he katselivat helmiäisvaahtoa
it was as if they knew she had thrown herself into the waves
oli kuin he tiesivät, että hän oli heittäytynyt aaltoihin
Unseen, she kissed the forehead of the bride
Näkemättä hän suuteli morsiamen otsaa
and then she rose with the other children of the air
ja sitten hän nousi muiden taivaan lasten kanssa
together they went to a rosy cloud that floated above
yhdessä he menivät ruusuisen pilven luo, joka leijui yläpuolella

"**After three hundred years,**" one of them started explaining
"Kolmensadan vuoden jälkeen", yksi heistä alkoi selittää
"**then we shall float into the kingdom of heaven,**" said she
"Sitten me kellumme taivasten valtakuntaan", sanoi hän
"**And we may even get there sooner,**" whispered a companion
"Ja saatamme jopa päästä perille aikaisemmin", toveri kuiskasi
"**Unseen we can enter the houses where there are children**"
"Näkemättömästi voimme astua taloihin, joissa on lapsia"
"**in some of the houses we find good children**"
"joistakin taloista löydämme hyviä lapsia"

"**these children are the joy of their parents**"
"nämä lapset ovat vanhempiensa ilo"
"**and these children deserve the love of their parents**"
"ja nämä lapset ansaitsevat vanhempiensa rakkauden"
"**such children shorten the time of our probation**"
"sellaiset lapset lyhentävät koeaikaamme"
"**The child does not know when we fly through the room**"
"Lapsi ei tiedä milloin lennämme huoneen läpi"
"**and they don't know that we smile with joy at their good conduct**"
"ja he eivät tiedä, että hymyilemme ilosta heidän hyvälle käytökselleen"
"**because then our judgement comes one day sooner**"
"koska silloin tuomiomme tulee päivää aikaisemmin"
"**But we see naughty and wicked children too**"
"Mutta näemme myös tuhmia ja ilkeitä lapsia"
"**when we see such children we shed tears of sorrow**"
"Kun näemme sellaisia lapsia, vuodatamme surun kyyneleitä"
"**and for every tear we shed a day is added to our time**"
"ja jokaista vuodatettua kyynelettä kohden lisätään aikamme päivä"

www.tranzlaty.com

www.ingramcontent.com/pod-product-compliance
Lightning Source LLC
Chambersburg PA
CBHW012008090526

44590CB00026B/3926